www.ingramcontent.com/pod-product-compliance
Lightning Source LLC
Chambersburg PA
CBHW071708020426
42333CB00017B/2184

تیغ

در دنیای پر از منتقد، اجازه ندهید کسی با تیغ انتقاد، رفتار یا اعصابتان را تحت کنترل در آورد و با کسب مهارت مدیریت آن، زندگی زیباتری برای خود و اطرافیانتان رقم بزنید...

محمدپیام بهرام‌پور
امین القاسی‌زاده

سریال کتاب: P2245110004

سرشناسه: BHR 2020

عنوان: تیغ

پدیدآورندگان: پیام بهرام پور – امین القاسی زاده

شابک کانادا: ISBN: 978-1-989880-01-2

موضوع: انتقاد شخصی، خوشناسی

صفحه آرایی: جعفر خدادی

مشخصات کتاب: صحافی مقوایی / رقعی

تعداد صفحات: ۱۷۸

تاریخ نشر در کانادا: مارچ ۲۰۲۰

تاریخ نشر در ایران: ۱۳۹۵

انتشارات اولیه: انتشارات تعالی

هر گونه کپی و استفاده غیر قانونی شامل پیگرد قانونی است.

تمامی حقوق چاپ و انتشار در خارج از کشور ایران محفوظ و متعلق به انتشارات می‌باشد

Copyright @ 2022 by Kidsocado Publishing House

All Rights Reserved

Kidsocado Publishing House

خانه انتشارات کیدزوکادو

ونکوور، کانادا

تلفن : +1 (833) 633 8654

واتس آپ: +1 (236) 333 7248

ایمیل : info@kidsocado.com

وبسایت انتشارات: https://kidsocadopublishinghouse.com

وبسایت فروشگاه: https://kphclub.com

سلام هم زبان

دستیابی ایرانیان مقیم خارج از کشور به کتاب‌های بسیار متنوع و جدیدی که به تازگی در ایران نگاشته و چاپ می شود، محدود است. ما قصد داریم این خدمت را به فارسی زبانان دنیا هدیه دهیم تا آنها بتوانند مانند شما با یک کلیک کتاب‌هایی در زمینه‌های مختلف را خریداری کنند و درب منزل تحویل بگیرند.

خانه انتشارات کیدزوکادو تحت حمایت گروه کیدزوکادو این افتخار را دارد تا برای اولین بار کتاب‌های با ارزش تألیفی فارسی را در اختیار ایرانیان مقیم خارج از ایران قرار دهد.

از اینکه توانستیم کتابهای جدید و با ارزشی که به قلم عالی نویسندگان و نخبگان خوب ایرانی نگاشته شده است را در اختیار شما قرار دهیم و در هر چه بیشتر معرفی کردن ایران و ایرانیان و فارسی زبانان قدم برداریم، بسیار احساس رضایتمندی داریم.

این کتاب‌ها تحت اجازه مستقیم نویسنده و یا انتشارات کتاب صورت گرفته و سود حاصله بعد از کسر هزینه‌ها، به نویسنده پرداخته می‌شود.

خانه انتشارات کیدزوکادو در قبال مطالب داخل کتاب هیچگونه مسئولیتی ندارد و صرفاً به عنوان یک انتشار دهنده می‌باشد. شما خواننده عزیز می‌توانید ما را با گذاشتن نظرات در وب سایتی که کتاب را تهیه کرده‌اید به این کار فرهنگی دلگرم‌تر کنید. از کامنتی که در برگیرنده نظرتان نسبت به کتاب است عکس بگیرید و برای ما به این ایمیل بفرستید. از هر ۴ نفری که برایمان کامنت می‌فرستند، یک نفر یک کتاب رایگان دریافت می‌کند.

ایمیل : info@kidsocado.com

فهرست مطالب

این کتاب بسیار ناقص است! ۱۰
تیغ چیه که قراره زندگی ما رو تغییر بده؟ ۱۲
چرا هر چه یاد می گیرم به دردم نمی‌خورد؟ ۱۴
مدل خواندن این کتاب چطور است؟ ۱۵
چطور این کتاب را نخوانیم؟ ۱۵
خودکار به دست باشید ۱۶
شما نمی‌توانید این کتاب را در کمتر از ۲۱ روز بخوانید! ۱۷

فصل صفرم: پیش‌نیازِ تیغ! ۱۹
ساخت مسیر عصبی قبل از شروع بازی ۱۹
گام بعدی برای مسیر عصبی ۲۰
عزت نفس، ابزار ضروری کار ۲۱

بخش اول: وقتی با تیغ به ما حمله می‌شود! ۲۴
تیغِ انتقاد چیست؟ ۲۵

انتقادپذیری چیست؟	27
استانداردهای انتقادپذیری	37
اصلاح نگرش	37
فرمول انتقادپذیری و پاسخ به انتقادات	41
چطور انتقادات را عملی کنیم؟	61
اشتباهات متداول در انتقادپذیری	68
جواب انتقاد را با انتقاد ندهیم	75
اگر کسی از ما انتقاد نکرد	75

بخش دوم: انتقاد کردن 77

آیا باید انتقاد کنیم؟	77
میراسموس	80
کجا اجازه انتقاد نداریم	85
ارزش نقد خود را بالا ببرید	109
پیش‌نیاز انتقاد کردن! قضاوت	111
چک‌لیست انتقاد در یک نگاه	111
روش انتقاد کردن	113
کسب اجازه	113
تبدیل انتقاد به پیشنهاد	122
تله‌های شخصیتی و انتقاد	125
تله‌های شخصیتی چه هستند؟	125
انتقاد و فضای مجازی	141
چرا رفتار افراد در فضای آنلاین و آفلاین فرق می‌کند؟!	141

تیغ

روش پاسخ به انتقادات در شبکه‌های اجتماعی 142

انتقاد در محیط کار 147

معیار NPS در کسب و کار 148

چگونه NPS را به کار ببندیم؟ 149

بازخورد همه جانبه 152

انتقاد در ارتباط با کودکان 154

انتقاد از نوجوانان 164

سخن پایانی 165

قبل از خداحافظی 169

کتابنامه 170

تقدیر و تشکر 170

حالا وقت انتقاد از این کتاب است 171

ایده‌ها 172

این کتاب بسیار ناقص است!

بله!

این کتاب به‌شدت ناقص است زیرا موضوع آن به گونه‌ای نیست که بتوان همه آن را در متن گنجاند، به همین دلیل این کتاب هدیه‌ای تکمیلی دارد!

از آنجایی که می‌خواستیم محتوای این کتاب بسیار تعاملی باشد و شما خواننده گرامی از فیلم‌ها و سایر رسانه‌های یادگیری بهترین استفاده را ببرید، صفحه‌ای اختصاصی برای این کتاب در وب‌سایتمان در نظر گرفته‌ایم که دنیایی از دانلودها و سایر مطالب آموزشی در آن قرار دارد.

همین‌الان برای دریافت هدیه خود و مشاهده سایر دانلودهای رایگان به صفحهٔ زیر مراجعه کنید:

www.bah.red/tighgift

تیغ چیه که قراره زندگی ما رو تغییر بده؟

قبل از این‌که بگوییم تیغ چیست باید از شما تشکر کنیم! چون در حال حاضر در جامعه ما کمتر کسی حاضر است کتابی را باز کند، چه برسد به مطالعه آن! به شما تبریک می‌گوییم که جزو ۲۰ درصد معدود جامعه هستید که برای رشد و یادگیری خود وقت و هزینه اختصاص می‌دهید.

یک لحظه فرض کنید که هر روز موقع بیرون رفتن از خانه، فردی در مسیر شما قرار گرفته و با یک تیغ موکت‌بری هر کسی را ببیند خط‌خطی می‌کند! در این حالت چه‌کار می‌کنید؟ مطمئنیم که فرار می‌کنید و اگر ببینید فردا هم این فرد در همان‌جا حضور دارد، یا مسیر خود را عوض می‌کنید یا خودتان را مجهز می‌کنید و ... بالاخره بی‌کار نمی‌نشینید و این مشکل را رفع می‌کنید!

اما افراد بسیار زیادی هستند که تیغی به‌مراتب برنده‌تر و تیزتر را روزانه به روح و روان شما می‌کشند، اما واکنشی نشان نمی‌دهید!

 کتاب تیغ برای همین است! این‌که اجازه ندهید کسی با تیغ به جان روح و روانتان بیفتد و البته خودتان هم این کار را با دیگران نکنید!

اگر اهل فوتبال باشید حتماً این صحنه برایتان بی‌نهایت لذت‌بخش خواهد بود که

کسی قصد دارد به شما لایی بزند و شما با یک حرکت سریع توپ را از او می‌گیرید و همان توپ را گل می‌کنید!

در حقیقت هر زمان که بازی عوض شود و شما از یک فرد بازنده تبدیل به یک برنده شوید، لذت بسیاری زیادی خواهد داشت.

کتاب تیغ، حسی مشابه همین حس‌ها را به شما هدیه می‌دهد! این‌که از انتقادهای دیگران نه‌تنها ناراحت نشوید، بلکه به شکل بسیار حرفه‌ای یک پل زیبا و محکم برای رسیدن به موفقیت‌های بیشتر و بزرگ‌تر بسازید.

همچنین این کتاب ابزار قدرتمندی را در اختیار شما قرار می‌دهد که اگر بخواهید تیغ جراحی انتقاد را برای کسی به کار ببرید، کمترین ناراحتی و چالش را داشته و بیشترین تغییرات و اصلاح را از طرف مقابل شاهد باشید.

چرا هر چه یاد می‌گیرم به دردم نمی‌خورد؟

شاید برای شما نیز این سؤال پیش بیاید، چرا من که در کلاس‌های مختلف شرکت کرده، دوره‌های زیادی دیده و کتاب‌های مختلفی خوانده‌ام اما هنوز، تغییراتی در من شکل نگرفته و اگر هم تغییری بوده، بسیار زودگذر بوده است؟

برای همین لازم است که در ابتدای این کتاب، نکاتی را برای استفاده بهتر شما عزیزان ذکر کنیم.

به همین منظور در سایتمان، دوره‌ای برای شما طراحی کرده‌ایم که کاملاً رایگان است و در چند فیلم آموزشی که اختصاصاً برای شما ضبط شده، خواهیم گفت که چطور از آموزش‌هایی که می‌بینیم، بهترین استفاده را ببریم و اجازه ندهیم که اثر آن‌ها فوراً از بین برود.

شما برای شرکت در این دوره رایگان، می‌توانید به لینک زیر مراجعه کنید:

www.bah.red/gift

رمز عبور: useit

❝ مدل خواندن این کتاب چطور است؟

برای ما مؤلفین این کتاب خیلی عجیب است که وقتی کوچک‌ترین وسیله‌ای می‌خریم، یک راهنمای کامل برای استفاده از آن وجود دارد اما وقتی یک کتاب- که ممکن است زندگی ما را به‌کلی تغییر بدهد- می‌گیریم، راهنمای استفاده ندارد!

به همین دلیل این بخش از کتاب را تدارک دیده‌ایم تا بدانید با این کتاب چطور رفتار کنید. (به بیانی دقیق‌تر، این کتاب با ما چطور رفتار کند).

❝ چطور این کتاب را نخوانیم؟

تقریباً همهٔ ما خواندن اولین کتاب‌های زندگی‌مان مربوط می‌شدند به دوران مدرسه (و برخی شاید آخرین کتاب خواندن‌هایشان هم به همان دوران مربوط می‌شود!). در این دوران، یاد نگرفته‌ایم که واقعاً چطور باید یک کتاب را بخوانیم و از آن استفاده کنیم.

بسیاری از ما، هنوز بر طبق عادت دوران مدرسه هستیم و وقتی کتابی برای علاقه خودمان می‌خوانیم و قصد داریم از آن استفاده کنیم، به‌گونه‌ای آن را می‌خوانیم که انگار قرار است از آن امتحان بدهیم و این در حالی است که ما کتاب را می‌خوانیم که تغییری در زندگی، ذهنیت و یا رفتارمان به‌وجود بیاورد.

بنابراین وقتی این کتاب را می‌خوانید، قرار نیست که زیر تعاریف خط بکشید و تعداد عوامل را حفظ کنید! بلکه هدف این است که در هرجایی از زندگی خودتان

که صلاح دانستید تغییری ایجاد شود، کنار آن بخش از کتاب بنویسید که مثلاً: حواسم باشه با مشتری‌ها همدلی کنم. مخصوصاً وقتی ...

قرار نیست این کتاب سالم بماند! شما حسابی باید با این کتاب درگیر شوید، زیر مطالب کاربردی‌اش خط بکشید، مطالب مهمی را که به ذهنتان می‌رسد، حاشیه‌نویسی کنید و هرجایی که با آن موافقید و یا مخالفید، اعلام کنید! آنجایی که از خودتان راضی هستید و درست رفتار کرده‌اید، شکلک‌هایی بکشید. مثل ☺

❝ خودکار به‌دست باشید

لطفاً در طول مطالعه این کتاب همیشه خودکار یا مدادی همراه خودتان داشته باشید، شاید بگویید که:

«اول ببینیم چه می‌گوید و اگر مطلب جالبی بود بعداً شروع می‌کنم به نوشتن».

این صحبت‌ها یک مدل از اهمال‌کاری و تنبلی است!

بنابراین لازم است یک وسیله برای نوشتن نزد خود داشته باشید و مطالبی را که لازم است، یادداشت کرده، به سؤالات پاسخ داده و آن‌ها را مکتوب کنید. پس همین حالا اگر خودکار یا مدادی همراه خود ندارید آن را تهیه کنید و البته نگران خط‌خطی شدن کتاب هم نباشید.

❝ شما نمی‌توانید این کتاب را در کمتر از ۲۱ روز بخوانید!

هرکسی سبکی برای مطالعه و کتاب خواندن خود دارد. بعضی یک کتاب را با شدت زیاد و سرعت‌بالا می‌خوانند و ظرف چند ساعت یا چند روز به پایان می‌رسانند و برخی دیگر نیز به‌صورت قطره‌ای کتاب را مطالعه می‌کنند و هر شب چند دقیقه‌ای را برای مطالعه اختصاص می‌دهند...

این‌که سبک شما چگونه است خیلی موضوع صحبت نیست، موضوع این است که

شما نمی‌توانید این کتاب را در کمتر از ۲۱ روز بخوانید!

در حقیقت شما باید بخش اول کتاب را که مربوط به انتقادپذیری است، مطالعه کنید و به مدت ۲۱ روز تمرینات آن را انجام دهید و هر وقت احساس کردید که مسلط هستید به سراغ قسمت دوم، یعنی انتقاد کردن، بروید.

هدف از مطالعه این کتاب بهبود زندگی‌مان است نه سرعت عمل در مطالعه! بنابراین هرچه آرام‌تر این کتاب را بخوانیم و بیشتر به مطالب آن عمل کنیم نتیجه بهتری خواهیم گرفت.

زیر تیـغ:

یادمان باشد تا زمانی که این برنامه ۲۱ روزه به پایان نرسد اجازه نداریم از کسی انتقاد کنیم و برای این کار چند راه داریم:

- تحمل کنیم و انتقاد نکنیم!
- به‌جای انتقاد سؤال بپرسیم.
- به‌جای انتقاد، پیشنهاد بدهیم.
- به‌جای انتقاد، نظرمان را مطرح کنیم.

فصل صفرم

پیش‌نیاز تیغ!

قبل از این‌که وارد بحث اصلی صحبت، یعنی تیغ انتقاد بشویم، لازم است که دو مفهوم بسیار مهم را بررسی کنیم.

این دو مفهوم مهم عبارت‌اند از:

۱. مسیر عصبی،

۲. عزت‌نفس!

که در ادامه به معرفی هر کدام از این دو می‌پردازیم:

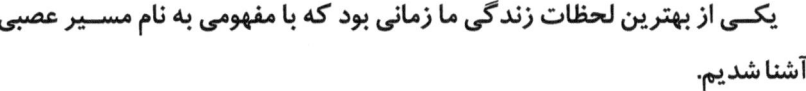
ساخت مسیر عصبی قبل شروع بازی

یکی از بهترین لحظات زندگی ما زمانی بود که با مفهومی به نام مسیر عصبی آشنا شدیم.

مسیر عصبی دریچه‌ای جدید از مهارت‌آموزی را به روی ما گشود و به نظرمان برای یادگیری هر مهارتی — ازجمله انتقاد و انتقادپذیری — باید با مفهوم کلی مسیر عصبی آشنا شد.

از آنجایی که این مفهوم نیاز به توضیحات صوتی و تصویری دارد، تصمیم گرفتیم که فیلم آن را برای شما در سایت به‌عنوان هدیه این کتاب قرار دهیم. به همین منظور کافی است به صفحه اختصاصی کتاب که در ابتدا معرفی کردیم مراجعه کنید و فیلم ساخت مسیر عصبی را ببینید:

www.bah.red/tighgift

رمز عبور: tiz

گام بعدی برای تشکیل مسیر عصبی

حالا که با مفهوم مسیر عصبی آشنا شدیم می‌دانیم که با خواندن این کتاب به تنهایی اتفاق خاصی رخ نمی‌دهد و این ما هستیم که با تمرین و تکرار باید به گونه‌ای اقدام کنیم که بتوانیم یک مسیر عصبی فوق‌العاده برای انجام چنین رفتارهایی ایجاد کنیم.

بنابراین اوایل کار تا زمانی که مسیر عصبی به‌درستی شکل نگرفته است، چند مشکل، کاملاً طبیعی است:

۱. احساس می‌کنیم که نمی‌شود!

۲. احساس می‌کنیم که مصنوعی از کار درمی‌آید.

۳. احساس می‌کنیم که چیزی را فراموش کرده‌ایم.

۴. در زمان مناسب رفتار مناسب را از خود بروز نمی‌دهیم (مثلاً بعد از این که به فرد پرخاش کردیم یادمان می‌افتد که ای وای! باید به‌طور اصولی پاسخ فرد را می‌دادیم!)

و ...

بنابراین از این بابت نباید نگران باشیم و تا زمانی که این شرایط وجود دارد و

هنوز مسیر عصبی کاملی در ذهن ما شکل نگرفته است امکان چنین اشتباهاتی وجود خواهد داشت و ما باید با اصرار و سماجت خود چنین مشکلاتی را از سر راهمان برداریم تا زندگی بسیار بهتری را تجربه کنیم.

بنابراین اگر در اوایل استفاده از مطالب این کتاب آن‌طور که مدنظرتان بود موفق نبودید و یا با تمسخر دیگران مواجه شدید، ناامید و دلسرد نشوید و با انرژی بسیار زیاد به ممارست بپردازید تا نتیجۀ کار را ببینید.

❝ عزت‌نفس ابزار ضروری کار

این مفهوم یک پیش‌نیاز ضروری برای صحبت ماست که در سراسر کتاب بارها و بارها ردّپایی از آن را خواهیم دید.

«عزت‌نفس» یا همان حرمت نفس (Self Esteem) مفهومی است که به نسبت «اعتمادبه‌نفس» تعریف پیچیده‌تر و غیرقابل لمس‌تری دارد.

ما زمانی اعتمادبه‌نفس خواهیم داشت که مهارت کافی در انجام کاری داشته باشیم و همچنین تصویر ذهنی ما نسبت به توانایی انجام آن مثبت باشد.

اما تعریف عزت‌نفس کمی متفاوت است.

عزت‌نفس در حقیقت همان سلامت ذهن و روان است **و واقعاً جای تأسف دارد که در تمام سیستم آموزش‌وپرورش ما هیچ‌چیزی در مورد آن گفته نشده است!**

تعاریف بسیار زیادی در مورد عزت‌نفس وجود دارد. متداول‌ترین تعریف آن به این صورت است:

📌 عزت‌نفس را می‌توان:
باور خودتوانمندی + احترام به خود
دانست.

اما اگر بخواهیم تعریفی داشــته باشــیم که کمی ملموس‌تر باشــد و همچنین در این کتاب بتوانیم به آن استناد کنیم، مجبوریم که تعریفی از خود ارائه نماییم و این تعریف این‌چنین خواهد بود:

من ارزشمند و توانمند هستم.
همه موجودات و انسان‌ها نیز ارزشمند هستند.
همه ما حق تلاش برای زندگی بهتر را داریم.

اما ازآنجایی‌که موضوع کتاب چیز دیگری اســت، دوســت نداشتیم شما پولی را برای این توضیحات بپردازید و به همین دلیل یک فیلم آموزشــی برای این موضوع ضبط شــده اســت که به‌صورت مفصل آن را توضیح داده‌ایم و تمرینات و مثال‌های بسیاری برای آن آورده‌ایم.

کافی است به آدرس اصلی کتاب مراجعه کرده (www.bah.red/tighgift) و رمز عبوری را که در ابتدای کتاب در اختیار شــما قرار داده‌ایم، وارد کنید تا این فیلم را به‌سادگی دانلود یا مشاهده نمایید.

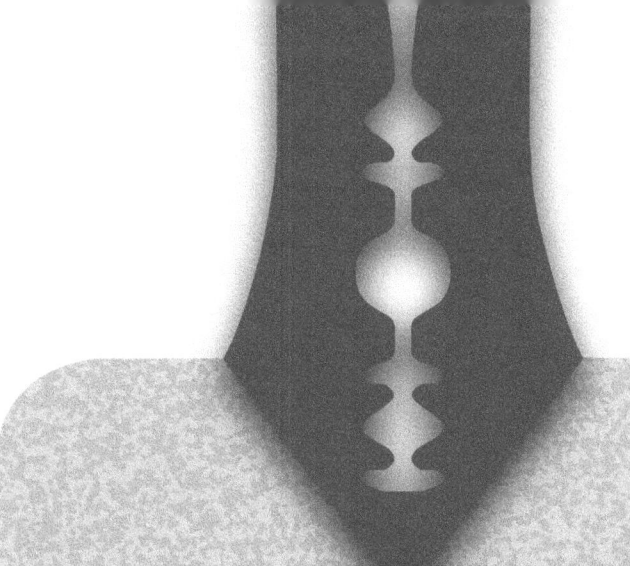

بخش اول

وقتی با تیغ به ما حمله می‌شود!

وقتی کسی با تیغ به‌سوی شما حمله‌ور شود چه می‌کنید؟!

احتمالاً یا فرار می‌کنید یا این‌که اگر توان مقابله داشته باشید به مبارزه می‌پردازید! اما یک سؤال! بهتر نیست که یک زره حرفه‌ای داشته باشید که کسی نتواند به شما آسیبی برساند؟ تا دیگر وقت و انرژی خود را برای فرار یا مقابله صرف نکنید؟

با کمی دقت متوجه می‌شویم که افراد زبده و حرفه‌ای کسانی هستند که در هر بخشی از زندگی خود (مثل شغل، ارتباطات، همسرداری و ...) یاد می‌گیرند که به انتقادات، به دید متفاوتی نسبت به افراد معمولی نگاه کنند.

این افراد نه‌تنها با برداشتی منفی و توأم با سوءتفاهم با انتقاد برخورد نمی‌کنند، بلکه انتقاد را به‌عنوان یک ارزش و یک فرصت کم‌نظیر برای رشد و ترقی به کار می‌برند.

البته این را باید بگوییم که هیچ انسانی دوست ندارد که دیگری با تیغ به او حمله کند! اما اگر بدانیم احتمال این اتفاق وجود دارد، حتماً باید خود را آماده کنیم.

اشتباه و گناه در رفتار انسانی ما امری است بدیهی، بنابراین انتقادپذیری از ملزومات رفتار انسان‌ها برای اصلاح گفتار و کردار و درنتیجه برای بهره‌مندی از زندگی سعادتمند و رو به رشد و تکامل است...

فصل اول

تیغِ انتقاد چیست؟

اگر برای جایی موکت خریده باشید، هنگام نصب خواهید دید که گوشه‌های آن عموماً با گوشه‌های دیوار همخوانی ندارد و لازم است گوشه‌های موکت اصلاح شود؛ و همین اتفاق برای ذهن انسان‌ها هم رخ می‌دهد. زمانی که رویدادی بیرونی، با آنچه در ذهن ما وجود دارد یکسان نباشد، ما تصمیم می‌گیریم که با تیغ انتقاد آن را اصلاح کنیم.

در حقیقت اگر کسی مثل همسر، والدین، همکار و ... احساس کند رفتار ما با رفتار مطلوبِ موجود در ذهن او همخوانی ندارد با یک تیـغ موکت‌بری! به جان روح ما می‌افتد تا گوشه‌های زائد آن را مطابق خواسته خود اصلاح کند!

اما مشکل اینجاست، از آنجایی که افراد عموماً فرق بین موکت و انسان را نمی‌دانند، به‌جای اصلاح ما، فقط ما را زخمی می‌کنند و نه‌تنها هیچ تغییر و اصلاحی رخ نمی‌دهد، بلکه یک کدورت و رنجش نیز شکل می‌گیرد.

از کتاب تعلیمات اجتماعی تا تک‌تک رسانه‌های تصویری و ... همه و همه بر یک عبارت کلیشه‌ای تأکید دارند و آن‌هم این است!

نقد سازنده! و انتقادپذیری.

اما در اکثر مواقع این موضوع شبیه یک لطیفه بی‌مزه است تا یک مفهوم پرکاربرد اجتماعی.

قطعاً اگر درباره معنای انتقاد کردن یک همه‌پرسـی و نظرسـنجی بر گزار کنیم، درصد قابل‌توجهی خواهند گفت:

«انتقاد، اظهارنظری است مخرب، تحقیرکننده و نوعی عیب‌جویی همراه با کینه و دشمنی!»

حالا سؤال اینجاست که چرا در مورد انتقاد چنین دیدگاهی وجود دارد؟ احتمالاً اصلی‌ترین دلیل آن این است که عامه مردم واقعاً از انتقاد به همین صورت استفاده می‌کنند!

در بیشتر اختلافات خانوادگی، جدایی‌های زناشویی و کدورت‌های فامیلی و حتی قبیله‌ای می‌توان ردّ پای ایراد و انتقاد را جستجو کرد. در حالی که اگر روش صحیح به کار بردن نقد را بدانیم هرگز دچار این معضلات اجتماعی و خانوادگی نخواهیم شد.

انتقاد همسران از یکدیگر، پدر و مادر از فرزندان، مدیران از کارکنان و اساتید از دانشجویان و ... همه و همه نشان از این دارد که ما در هر لحظه در حال انتقاد کردن هستیم، بدون آن که روش اصولی و درست آن را بدانیم!

دقیقاً مثل کودکی ۵ ساله که یک تیغ برنده و بسیار تیز در دستانش قرار دارد! و می‌تواند به هر کسی - حتی خودش- آسیب‌های جبران‌ناپذیری برساند.

انتقاد مقوله‌ای بسیار مهم، پیچیده و ضروری است؛ که هیچ جایگاه و شغلی جدا از آن نیست. فرقی نمی‌کند که شما یک کودک ۴ ساله باشید که توسط والدینتان نقد می‌شوید یا مدیرعامل یک شرکت بین‌المللی که توسط هیئت‌مدیره یا سهام‌داران به باد انتقاد گرفته می‌شوید!

اما اگر حرفه‌ای باشیم، می‌توانیم از انتقادها برای خودمان موفقیت‌های بی‌نظیری را ترسیم کنیم.

چطور؟

در ادامه کتاب به آن خواهیم پرداخت.

انتقادپذیری چیست؟

همان‌طـور که پیش‌ازایـن گفتیم، زمانی کـه صحبت از انتقاد بـه میان می‌آید، منظورمان سـخنی است که به‌منظور اصلاح چیزی، رفتاری یا عملکردی مطرح‌شده اسـت. به بیان خودمانی باید بگوییم که انتقاد زمانی اسـت که فردی با تیغ به جان ما افتاده – درست یا غلط– می‌خواهد چیزی را در ما تغییر دهد و به شکل مطلوب خود دربیاورد.

مثلاً پدر و مادری که می‌خواهند فرزندشان مطابق مطلوب خودشان لباس بپوشد یا خانمی که دوست دارد همسرش در مهمانی مطابق مطلوب خودش رفتار کند.

حال ممکن است که این انتقاد اصلاً وارد نباشد، یا این‌که به‌صورت درستی مطرح نشده باشد یا در بهترین حالت، انتقاد به‌جا به بهترین صورت و زیباترین بیان مطرح شـود و در بدترین حالت انتقادی باشـد که وارد نبوده و البته درست هم بیان‌نشده باشد.

آنچه در کتاب تیغ، درباره انتقادپذیری مدنظر ماست، این است که سه کار بسیار مهم را انجام دهیم:

۱. از انتقادها نرنجیم و کمترین آسیب را ببینیم.

۲. بهترین جواب را به شخص انتقادکننده بدهیم.

۳. از انتقادها برای رشد و موفقیت خود استفاده کنیم.

انتقادپذیری چه چیز نیست؟

برخی از عزیزان، زمانی که تعریف خود را از انتقادپذیری مطرح می‌کنیم اعتراض می‌کنند و می‌گویند که پس ما دیگر باید همیشه هرکسی به ما هر حرفی زد بپذیریم و توسری‌خور باشیم؟!

به همین دلیل شاید لازم باشد که بگوییم انتقادپذیری چه چیزی نیست!

انتقادپذیری به معنی دوست داشتن انتقاد نیست!

اگر کسی به ما بگوید:

از اینکه کسی از من انتقاد کند، خوشحال می‌شوم!

بدون شک خواهیم گفت که یا دروغ می‌گوید یا جمله خود را درست بیان نکرده است! هیچ انسانی دوست ندارد که مورد انتقاد واقع شود، اما بعضی انسان‌ها از نتیجه‌ای که انتقاد برایشان دارد خوشحال می‌شوند. دقیقاً مثل این که هیچ‌کسی دوست ندارد زیر تیغ جراحی برود - مگر این که مجبور شود- و هیچ‌کسی دوست ندارد جراحی شود و احتمالاً ما نتیجه بعد از جراحی را دوست خواهیم داشت.

مثلاً اگر کسی از این کتاب انتقاد کند، ما نویسندگان این کتاب از خودِ انتقاد خوشحال نمی‌شویم اما از این‌که می‌توانیم در چاپ بعدی، کتاب را بهبود ببخشیم خوشحال خواهیم شد!

 انتقادپذیری به معنی این نیست که هرکسی هرچه دلش خواست به ما بگوید!

خیر! انتقادپذیری به این معنی نیست که اگر کسی به ما توهین کرد، به او لبخند بزنیم و از او تشکر کنیم.

اتفاقاً برخوردهای قاطعانه یکی از مهم‌ترین بخش‌ها در انتقادپذیری است. این که بدانیم در چه شرایطی به‌صورت محترمانه و قاطعانه به انتقادی پاسخ بدهیم. بنابراین انتقادپذیری توسری‌خوری نیست.

چرا انتقادپذیری سخت است؟

انتقاد همیشه دردناک است (حتی اگر به بهترین نحو ممکن بیان شود) اما دلیل این موضوع چیست؟

چه زمانی از ما انتقاد می‌شود؟ حتماً زمانی که ما گفتار، رفتار، یا واکنشی از خود نشان داده‌ایم که مورد نقد واقع شده است.

نکته مهم این است که همه ما به درونیاتمان علاقه‌مند هستیم، بنابراین ناخودآگاه به مقابله با هر آنچه به‌صورت نقد یا انتقاد باشد بد نگاه خواهیم کرد.

کمتر کسی را خواهیم یافت که به آسانی ایرادِ کار خود را بپذیرد، چون دوست داریم باور کنیم هر کاری که می‌کنیم درست است حتی اگر خلاف آن انجام شده باشد!

معمولاً همیشه جبهه‌گیری در برابر انتقاد از سوی دیگران و به تعبیر بهتر، «انتقادگریزی» ریشه در باورهای ما و تصورات درون ضمیر ناخودآگاه ذهنمان دارد.

تجربه کودکی ما از این مسئله، به رفتار والدین در خانواده ارتباط مستقیم دارد. این مسئله چنان اهمیت دارد که می‌توان گفت روش انتقاد والدین در خانواده و در کودکی مستقیماً در نوع برخوردمان با انتقاد در بزرگ‌سالی اثر دارد. (به همین دلیل فصلی اختصاصی برای انتقاد از کودکان در انتهای کتاب قرار داده‌ایم.)

بر اثر بینشی که ما از گذشته داریم اکنون در برابر انتقادی که از ما می‌شود واکنش نشان می‌دهیم و یا انتقاد متقابل می‌کنیم.

با مثالی در این زمینه می‌توان به توضیح مسئله پرداخت و آن این‌که:

یکی از عناصر اصلی و همگانی انتقاد، القابی است که از طرف خانواده و مخصوصاً پدر و مادر به فرزند داده می‌شود. چرا که کمتر پدر و مادری هستند که به هنگام نقد کارهای فرزندشان به این نکته توجه نمایند که کل شخصیت و رفتار او را زیر سؤال نبرند و فقط به همان مسئله خاص اشاره نمایند.

عموماً انتقادها به‌جای این‌که به رفتار شخص باشد به شخصیت اوست.

مثلاً به‌جای این‌که بگوییم چرا وسایلت را روی زمین ریخته‌ای؟ می‌گوییم عجب بچه شلخته‌ای!

بنابراین خاطره‌هایی که از انتقادهای گذشته به یاد داریم و در ذهن ما باقی‌مانده برچسب‌های ناخوشایندی است که به ما چسبانده‌اند؛ و این همان القای باورهای نادرست از مفهوم انتقاد است که از همان دوران طفولیت بر ذهن حاکم می‌شود.

تجارب کودکی همواره به ما آموخته که انتقاد را «طرد شدن» تلقی کنیم و این اندیشه با حوادثی که پس‌ازآن در زندگی ما رخ‌داده تقویت شده است.

در این مسیر آموخته‌ایم همیشه باید در برابر انتقاد‌کننده از خود دفاع کنیم. برای همین، به‌محض این‌که احساس می‌کنیم کسی از ما انتقاد می‌کند حالت تدافعی به خود می‌گیریم و به این شکل در ذهن ما بازتاب خواهد داشت که با قبول انتقاد آنان، ما «بازنده» و آن‌ها «برنده» خواهند شد.

پس اولین دلیل انتقاد گریزی، دوران کودکی ماست.

از دیگر دلایل انتقاد‌گری، اعتقاد به‌درستی افکار و اندیشه خود و نادرستی افکار دیگران است؛ که این مسئله ریشه در «خودبینی یا خودخواهی» فرد دارد. به این معنا که انسان گاهی به خاطر خودخواهی، عیب‌ها و ایرادات خود را نمی‌بیند و یا حاضر به پذیرش این موضوع نیست که خود را دارای عیب و نقص بداند و به همین دلیل نقد و تذکر دیگران را به‌حساب دشمنی یا غرض‌ورزی آنان می‌گذارد.

البته دلایل متعددی می‌توان برای گریز از انتقاد از سوی دیگران ذکر کرد که علاوه بر موارد ذکرشدۀ بالا می‌توان چند مورد مهم دیگر را یادآور شد:

- خودکم‌بینی یا پایین بودن عزت‌نفس
- سوءظن داشتن به حسن نیت انتقاد‌کننده
- غرور کاذب داشتن

چرا بیشتر نزدیکانمان از ما انتقاد می‌کنند؟

اگر کمی دقت کنیم می‌بینیم که عموماً انتقادهایی که به سمت ما روانه می‌شود از طرف نزدیکانمان است.

به‌عنوان‌مثال، احتمال این‌که پدر و مادرمان از ما انتقاد کنند خیلی بیشتر از این است که توسط دوستانمان مورد انتقاد واقع شویم.

احتمال این‌که همسرمان در موضوعی — مثل پوشش یا رفتارمان— ما را نقد کند بسیار بیشتر از احتمال نقد شدن توسط برادر همسرمان است!

اما واقعاً چرا؟ مگر این‌طور نیست که نزدیکانمان ما را بیشتر دوست دارند؟ و باید بیشتر حواسشان به ما باشد. پس چرا این‌قدر راحت به خود اجازه می‌دهند از ما انتقاد کنند؟

پاسخ به این سؤال را استاد گران‌قدر، آقای دکتر شهرام اسلامی در یکی از سمینارهای خود با یک مثال ساده مطرح کرده‌اند.

اگر گوشه لباس شما لکه داشته باشد لطفاً بگویید که کدام‌یک از گزینه‌های زیر به شما این موضوع را گوشزد خواهند کرد:

۱. یک فرد غریبه در تاکسی

۲. همسرتان

۳. صمیمی‌ترین دوستتان

۴. یکی از دورترین اقوامتان

۵. همسایه‌ای که سر کوچه است.

احتمالاً با مرتب کردن این لیست به یک نکته طلایی پی می‌بریم! این‌که همیشه نزدیکان ما چون دوست دارند که ما بهترین باشیم و هیچ مشکلی نداشته باشیم — به درست یا غلط — اما از سر دلسوزی از ما انتقاد می‌کنند.

شما اگر یک لباس بسیار نامناسب بپوشید حتماً همسرتان به شما گوشزد خواهد

کرد اما احتمال این‌که یک فرد غریبه به شما چیزی بگوید بسیار کم است.

همسرتان با خود می‌گوید:

فردی که همسر من است باید بهترین باشد اما فرد غریبه می‌گوید، به من چه ربطی دارد؟ بگذار خودم را درگیر بحث نکنم!

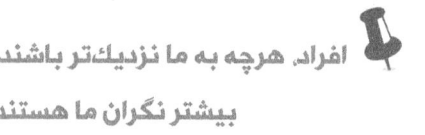

افراد، هرچه به ما نزدیک‌تر باشند،
بیشتر نگران ما هستند
و خواسته یا ناخواسته از ما بیشتر انتقاد می‌کنند.

پس یادمان باشد اگر کسی از ما انتقاد کرد –چه درست و چه نادرست– یک معنی بسیار بزرگ دارد و آن این است که این فرد به ما توجهی داشته که بسیاری از افراد دیگر نداشته‌اند؛ بنابراین ما برای این شخص مهم بوده‌ایم.

انتقادپذیر باشیم چی می‌شه؟

سؤال جدی این است که اگر انتقادپذیر باشیم و این صفت را در خود تقویت کنیم چه اتفاقی رخ می‌دهد؟ آیا این باعث نمی‌شود که هرکسی به خود اجازه بدهد از ما راحت انتقاد کند؟ یا این‌که دیگران به‌اصطلاح پررو نمی‌شوند؟

در جواب کوتاه باید بگوییم که بله! اتفاقاً این باعث می‌شود که برخی بیشتر به ما انتقاد کنند –و البته برخی دیگر کمتر– اما نکتهٔ مهم این است که هر چیزی خوبی‌ها و بدی‌هایی دارد و جالب اینجاست که فایده‌ها و مزایای انتقادپذیری بسیار بسیار زیاد است.

چندی پیش در نزدیکی محل سکونت من (محمدپیام بهرام‌پور) رستورانی افتتاح شد که نمای زیبایی داشت، ازآنجایی‌که من هم تجربه‌ای مختصر در زمینه رستوران

داشتم، پیش مدیر رستوران رفتم و ضمن تشکر از او اعلام کردم که چند پیشنهاد دارم. زمانی که پیشنهادها را گفتم متوجه شدم که اصلاً از این موضوع استقبال نکرد و دوست داشت که حتی به من پرخاش کند (اما چون بسیار آرام این موضوع را مطرح کرده بودم، نتوانست رفتار پرخاشگرانه‌ای از خود بروز بدهد).

شاید اگر او کمی انتقادپذیر بود و ذهنیت بازتری داشت الآن ورشکست نشده بود و جای رستورانش طباخی باز نمی‌کردند!

حالا حساب کنید اگر او صحبت من را - هرچند که برایش دردناک بود - گوش کرده و اجرا می‌کرد و از آن به بعد هر مشتری که نظری داشت فوراً بررسی می‌نمود؛ مطمئنم در کمتر از یک سال او جزو بهترین‌های صنعت خودش می‌بود.

بنابراین می‌بینیم که بازخورد گرفتن از انتقادات می‌تواند ما را تبدیل به سوپراستار زمینه فعالیتمان بکند.

اگر برای مدت قابل توجهی به انتقادات، درست توجه کنیم و سعی کنیم مشکلاتمان را رفع کنیم خیلی زود در هر زمینه‌ای می‌توانیم سوپراستار شویم. می‌توانیم:

۱. بهترین همسر

۲. بهترین پدر یا مادر

۳. بهترین همکار

۴. بهترین فروشگاه

۵. بهترین مدیر

و ... باشیم.

کافی است کمی تلخی و سختی انتقاد را به جان بخریم و تا بعد نتایج فوق‌العاده‌ای کسب کنیم.

اگر در یکی از کارگاه‌ها و سمینارهای ما شرکت کرده باشید حتماً این جمله را بارها و بارها از ما شنیده‌اید:

امروز کارهایی را می‌کنم که دیگران حاضر نیستند انجام دهند تا فردا کارهایی را بکنم که دیگران قادر نیستند انجام دهند.

این موضوع در بحث انتقاد هم بسیار پرکاربرد است. ما امروز نقدهایی را تحمل می‌کنیم و خودمان را بهبود می‌بخشیم - که دیگران حاضر نیستند به آن‌ها توجه کنند و خود را تغییر دهند - تا روزی آن‌قدر پیشرفت کنیم که اولاً کمتر کسی به گرد پای ما برسد و ثانیاً تعداد انتقادها بسیار کمتر شود.

فرض کنید که شما هرروز فقط به یک نقد توجه جدی نشان دهید و سعی کنید این ویژگی را - که گاهی کوچک است و گاهی بسیار بزرگ و دشوار - در خود اصلاح کنید. پس از گذشت یک سال، شما ۳۶۵ ویژگی خوب را در خود ایجاد کرده‌اید و ۳۶۵ ویژگی بد را مهار نموده‌اید!

حالا ظرف مدت ۱۰ سال شما تبدیل به یک پدیده خواهید شد که برای بسیاری از افراد دست‌یافتنی نخواهد بود؛ زیرا هرکسی نمی‌تواند به تغییر سه هزار و ششصد ویژگی در خود فکر کند!

❝ استانداردهای انتقادپذیری

حالا نوبت به استانداردهای نقدپذیری می‌رسد. اگر می‌خواهیم بدانیم که چطور باید انتقادپذیر باشیم، اول باید استانداردهایی کسب کنیم که در ادامه به آن‌ها نگاهی می‌اندازیم.

❝ اصلاح نگرش

قطعاً اولین گام برای درک صحیح رفتار مناسب با انتقاد این است که بدانیم نگرش ما نسبت به انتقاد چگونه است؟

همان‌طور که گفتیم، اکثر ما به دلیل وضعیت فرهنگی، نوع تربیتمان و ... دید مثبتی به انتقاد نداریم و بسته به شرایط، یا به فردی که انتقاد می‌کند حمله می‌کنیم و یا ناراحت و رنجور می‌شویم و به گوشه‌ای پناه می‌بریم.

اما کافی است که نگاهمان را به مقوله انتقاد کمی تغییر دهیم، بلافاصله دنیا رنگ دیگری می‌گیرد و به‌جای این‌که فرد منتقد را به شکل کسی ببینیم که با یک تیغ به سمت ما حمله‌ور شده، به‌صورت فردی می‌بینیم که قصد دارد با آن تیغ، برچسب قیمت را از روی لباسمان بکند!

- این‌که برخی انتقادها غیرحرفه‌ای و زننده بیان می‌شوند،
- این‌که برخی از انتقادها اصلاً وارد نیستند،
- این‌که برخی از چیزها مانند ویژگی‌های ظاهری ما که مورد انتقاد قرار می‌گیرند قابل تغییر نیستند،
- این‌که برخی، توقعات بی‌جایی دارند،
- این‌که برخی از انتقادها اصلاً به شخص انتقادکننده ربطی ندارد،
- و ...

همه و همه درست! اما ما باید خیلی زرنگ‌تر از این باشیم که به دلیل انتقاد فردی، حال خوبمان را از دست بدهیم.

در حقیقت باید به انتقاد به چشم هدیه‌ای نگاه کنیم که فرد، خواسته یا ناخواسته به ما می‌دهد.

حال برخی این هدیه را که یک شمش طلا است، کادوپیچ و با احترام به ما ارائه می‌کنند و برخی دیگر این شمش را به سمت ما پرتاب می‌کنند!

در هر دو صورت ما نباید ناامید یا ناراحت شویم زیرا دارای شمش طلا هستیم!

اگر فرد منتقد ما را دوست داشته باشد، مطمئناً از سر دلسوزی این هدیه را داده است (حالا ممکن است به‌خوبی بلد نبوده آن را کادوپیچ کند) و اگر فرد منتقد به‌قصد تخریب

این کار را کرده، عملاً جعبه هدیه را به سمت ما پرت کرده که ما باید با ذکاوت خود، دقیقاً مثل یک دروازه‌بان این بسته را بگیریم و از محتویات درون آن استفاده کنیم!

پس، از همین الآن دیگر هیچ انتقادی در دنیا وجود نخواهد داشت که برای ما نفعی نداشته باشد! همه ما از انتقادها بهترین استفاده را خواهیم برد.

آن‌قدر باید در مدیریت خشم خود در زمان انتقاد مسلط باشیم و هر انتقاد را تبدیل به وسیله‌ای برای رشد خود کنیم که دشمنان و بدخواهان ما جرأت انتقاد از ما را نداشته باشند چون می‌دانند که فوراً مشکل را رفع خواهیم کرد.

اجازه بدهید این موضوع را با یک مثال سیاسی پیش ببریم. همان‌طور که می‌دانید در کشور ما گرایش‌های سیاسی مختلفی وجود دارد و زمانی که یک گرایش سیاسی دولت را در دست می‌گیرد، گرایش‌های دیگر انتقادهای تند و سرسختی به او و عملکردش وارد می‌کنند.

حال فرض کنید که یک دولت با هوشیاری از این انتقادها بهترین استفاده را ببرد. عملاً تمام رسانه‌های گرایش سیاسی مقابل، تبدیل به سازمان اطلاعاتی و نظارتی او خواهند شد و به‌سادگی می‌تواند از تمام مشکلات سیستم، اطلاعات دقیقی داشته باشد و فوراً برای رفع آن اقدام کند.

مطمئناً پس از گذشت چند سال، رسانه‌های گرایش سیاسی مخالف، هرگز از او نقدهای این‌چنینی نخواهند کرد زیرا می‌دانند که این نقطه‌ضعف تبدیل به نقطه قوت آن‌ها خواهد شد.

چقدر فوق‌العاده خواهد بود اگر ما هم همین ویژگی را داشته باشیم.

یعنی از هر انتقادی – چه وارد و چه ناوارد – بهترین استفاده را ببریم و برای تبدیل نقاط ضعف خود به نقاط قوت استفاده کنیم.

فصل دوم

فرمول انتقادپذیری و پاسخ به انتقادات

فصل دوم: فرمول انتقادپذیری و پاسخ به انتقادات

پس‌ازاین توضیحات، به اصلی‌ترین مطلب کتاب رسیدیم! این‌که در صورتی که کسی به ما انتقاد کرد چطور به او پاسخ بدهیم. پاسخ ما به انتقاد باید هوشمندانه، حرفه‌ای و دارای ویژگی‌های زیر باشد:

۱. به کنترل احساسات ما کمک کند تا از نظر روحی به هم نریزیم.
۲. از نظر شخص مقابل رفتار موجّه و درستی ارائه شود.
۳. شخص بداند که نمی‌تواند هر انتقاد بی‌جایی را مطرح کند.
۴. از فرد انتقادکننده قدردانی و تشکر صورت گیرد.
۵. آن انتقاد تبدیل به یک پیشنهاد شود تا رشد کنیم.

به همین دلیل فرمولی که در تمامی کارگاه‌ها و سمینارهایمان به شرکت‌کنندگان معرفی کرده‌ایم توسط صدها نفر امتحان شده و جواب خود را پس داده است.

این فرمول شامل گام‌های زیر است که به‌صورت موردی، هر گام را با مثال بررسی خواهیم کرد.

۱. گوش دادن مؤثر،
۲. تشکر از توجه،
۳. ابراز تأسف،
۴. سؤال (یافتن دلیل)،
۵. جبران یا توضیح.

حال این ۵ گام را به‌صورت دقیق‌تر بررسی می‌کنیم.

گوش دادن مؤثر

بین شنیدن و گوش دادن تفاوت است و البته بین گوش‌دادن و گوش‌دادن مؤثر تفاوتــی بزرگ‌تر! از آقای دکتر فتاحی، نویســنده کتاب با گــوش دادن مؤثر، غول ارتباطات شوید سپاس‌گزاریم که نگارش این قسمت از کتاب را به عهده گرفتند.

مطمئناً اگر می‌دانســتیم گوش دادن مؤثر اصلاً مثل نامش بدیهی و ساده نیست، بسیار جدی‌تر به آن نگاه می‌کردیم و از آنجایی که می‌خواهیم این موضوع را بسیار مفصل مورد بررســی قرار دهیم، صفحات آن باعث حجیم شــدن کتاب می‌شد و از همین رو جزوه‌ای در صفحه دانلودهای اختصاصی کتاب – که در ابتدا آدرس و رمز عبور آن را اعلام کردیم – قرار داده‌ایم.

پس از مطالعه این جزوه به ادامه مطالعه کتاب بپردازید!

زیر تیــغ:

لطفاً یک روز کامل، به صحبت‌های روزمره‌ای که در اطراف خود می‌شنوید و می‌بینید، توجه کنید. ببینید که دیگران چقدر راحت و آسوده کلام یکدیگر را قطع می‌کنند و به‌اصطلاح وسط حرف یکدیگر می‌پرند.

دقت کنید که خودتان چه زمان‌هایی این کار را انجام می‌دهید.

چند نمونه از آن‌ها را اینجا یادداشت کنید:

....
....
....
....
....

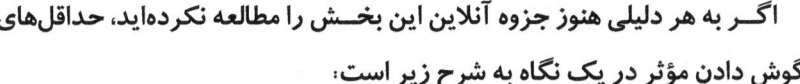
حداقل‌های گوش دادن مؤثر در یک نگاه

اگــر به هر دلیلی هنوز جزوه آنلاین این بخــش را مطالعه نکرده‌اید، حداقل‌های گوش دادن مؤثر در یک نگاه به شرح زیر است:

- ✓ صورت و بدنمان را به سمت شخص متمایل کنیم.
- ✓ با حرکات سر، نشان دهیم که در حال گوش کردن به او هستیم.
- ✓ صحبت شخص مقابل را قطع نکنیم.
- ✓ سراپا گوش باشیم و حین صحبت، دنبال یافتن پاسخ شخص نباشیم.
- ✓ نگذاریم احساسات ما به‌جای شخص مقابل صحبت کنند.

زیبایی داسـتان گــوش دادن مؤثر در بحث انتقاد این اسـت کــه عموماً در زمان انتقادها، افراد اصلاً توقع ندارند که کسـی تــا آخر، به صحبت آن‌ها گوش کند چه برسد به این‌که ما به‌صورت فعالانه به گوش دادن بپردازیم!

یعنی عموماً افراد به‌جای گوش دادن به صحبت فرد انتقاد کننده، در میانه کار آن را قطع می‌کنند و بسیار ساده توجیه‌ها و توضیحات خود را ارائه می‌نمایند.

مطمئن باشـید همین رفتار ما در پذیرش پاسـخ شخص، بسیار زیاد به ما کمک می‌کند.

بنابراین اولین گام این است که بدون این‌که هیچ صحبتی بکنیم به انتقادات فرد توجه و فعالانه گوش کنیم.

تشکر از توجه

پس از گام اول - یعنی گوش دادن فعال - نوبت می‌رسـد به تشـکر و قدردانی! بله! قدردانی.

شما باید از کسی که از شما انتقاد کرده - چه انتقاد به‌جا باشد و چه نباشد و چه درست مطرح شده باشد و چه مطرح نشده باشد - تشکر کنید.

این تشکر باید به این معنی باشد که از او ممنونیم که نظرش را به ما گفته است. همان‌طور که در بخش «چرا نزدیکانمان بیشتر به ما انتقاد می‌کنند» توضیح دادیم، فقط کسانی که برای ما اهمیت قائل هستند به ما انتقاد می‌کنند. بنابراین باید با عبارت مناسبی از آن‌ها تشکر کنیم. مثل:

- متشکرم از این‌که نظرتان را گفتید،
- خیلی ممنونم که من را آگاه کردید،
- مرسی از وقتی که اختصاص دادید بابت این موضوع (رسمی)،
- مرسی که دوستم داری و به خودم گفتی (غیررسمی)،
- دمت گرم که منو تو جریان گذاشتی (خیلی غیررسمی!)
- و ... .

این جملات می‌تواند به تعداد خوانندگان این کتاب بیشتر شود و البته کاملاً بستگی به این دارد که:

۱. چه کسی این انتقاد را مطرح کرده؟
۲. رابطه او با شما چگونه است؟
۳. شما چه شخصیتی دارید؟
۴. چگونه انتقاد را مطرح کرده؟

و البته بسیاری از عوامل دیگر. موضوع مهم این است که لحن این نوع تشکر از توجه، نباید به گونه‌ای باشد که شخص احساس کند او را مسخره می‌کنیم!

زیر تیـــغ:

لطفـاً افرادی را که عموماً از شـما انتقاد می کنند، بـه یاد بیاورید و جملات مناسب برای تشکر از توجه آن‌ها را یادداشت کنید:

....

....

....

....

ابراز تأسف

تا اینجای کار دو گام را انجام دادیم، یعنی به‌صورت مؤثر گوش کرده و سپس از توجه او به خودمان تشکر کردیم و حالا نوبت می‌رسد به ابراز تأسف. نکته بسیار مهم در ابراز تأسـف این اسـت که بدانیم گفتن واژه متأسفم با معذرت می‌خواهم بسیار متفاوت است.

فـرض کنید کودکی در حال دویدن در پارک باشـد و پایش به گوشـه‌ای گیر می‌کند و به زمین می‌خورد. شـما در این صحنه متأسـف می‌شـوید اما عذرخواهی نمی‌کنید چون مقصر شما نبوده‌اید!

در انتقاد نیز همین‌طور است. در ابتدای کار ابراز تأسف می‌کنیم از این‌که شرایط به‌گونه‌ای بوده شخص مجبور شده زبان به انتقاد بگشاید. جملات ابراز تأسف هم به همان تعداد جملات تشکر از توجه می‌تواند گسترده باشد.

- واقعاً متأسفم که نظر شما جلب نشد.
- بسیار تأسف می‌خورم که شرایط به‌گونه‌ای نبود که نظر شما جلب شود.

- ناراحتم که ناراحت شدی (غیررسمی).
- این‌که شما را رنجیده‌خاطر می‌بینم خیلی ناراحتم (رسمی).
- و ... .

نکته مهم این است که ابراز تأسف نباید به‌گونه‌ای باشد که شخص انتقادکننده احساس کند ما انتقاد - یا حتی تخریب - او را پذیرفته‌ایم. بلکه باید این احساس ایجاد شود که به انتقاد او توجه می‌کنیم و از این‌که او ناراحت است ناراحتیم.

زیر تیــغ:

لطفاً در کادر پایین بنویسید که چه جملاتی ابراز تأسف نیستند و جنبه عذرخواهی دارند؟

مثلاً: «ببخشید دیگه تکرار نمی‌شه» که باید به عبارتی مثل «بسیار ناراحتم که رفتارم حس خوبی بهت نداده» چون جمله اول به معنی پذیرش اشتباه است درصورتی که ما هنوز نمی‌دانیم واقعاً اشتباهی مرتکب شده‌ایم یا این‌که فقط سلیقه شخص انتقادکننده با سلیقه ما هم‌خوانی نداشته است.

....
....
....
....

نکته کوچکی که وجود دارد این است که گاهی اوقات می‌توانیم جای ابراز تأسف و تشکر از توجه (گام دوم و سوم) را با یکدیگر عوض کنیم.

این اتفاق زمانی رخ می‌دهد که خشم فرد انتقادکننده بسیار زیاد است یا خرابکاری

ما خیلی عظیم! در این صورت اگر با تشکر شروع کنیم ممکن است شخص احساس کند که ما مهم بودن موضوع را درک نکرده‌ایم و همین موضوع باعث ایجاد یک بحران جدید بشود.

بنابراین در شرایطی که انتقاد سنگین است یا شخص عصبانی است، به این صورت عمل می‌کنیم.

۱. گوش دادن فعال

۲. ابراز تأسف

۳. تشکر از توجه

۴. سؤال پرسیدن

۵. جبران یا توضیح

سؤال (یافتن دلیل و شفاف‌سازی)

پس‌ازاین سه‌گام، بدون هیچ تردیدی حتی اگر انتقاد با عصبانیت یا به قصد تخریب مطرح شده باشد، شخص بسیار آرام‌تر و منطقی‌تر شده و حالا لازم است که مهم‌ترین قسمت پاسخ به انتقاد را مطرح کنیم.

در حقیقت سؤال پرسیدن چند فایده دارد که عبارت‌اند از:

۱. جلوگیری از سوءتفاهم‌ها

۲. پیش‌برد صحبت از احساسات مخرب به منطق

۳. پیگیر و حرفه‌ای نشان دادن ما در انتقادپذیری

اما سؤال باید چطور باشد؟ سؤال باید کمک کند تا اگر انتقاد به خود شخص ماست (مثلاً به ما می‌گویند تو چقدر بی‌مزه هستی!) از شخصیت خود ما به رفتار ما تغییر جهت بدهد. مثلاً در همین مثال می‌توانیم بپرسیم:

● می‌تونم بدونم کدوم رفتار من باعث شد شما چنین برداشتی بکنید؟

و همین‌طور اگر انتقاد کلی است باید تا حد ممکن آن را جزئی کنیم.

چند نمونه از سؤالات متداول که می‌توان از آن‌ها استفاده کرد:

- ممنون می‌شوم کمی بیشتر این موضوع را توضیح دهید.
- می‌توانم خواهش کنم بفرمایید که دقیقاً چرا این حس را دارید؟
- اگر لطف کنید بفرمایید کدام رفتار من باعث رنجش شما شده ممنون شما خواهم شد.

و ... .

شاید احساس کنید که چنین پاسخ‌هایی مصنوعی هستند و یا امکان‌پذیر نیستند، از همین رو از شما خواهش می‌کنم به مثال‌های انتهای این بخش توجه کنید تا ببینید این موضوع صحت ندارد.

زیر تیـــغ:

لطفاً در کادر زیر یادداشت کنید که در انتقاداتی که ظرف مدت یک هفته گذشته از شما صورت گرفته، چه سؤالاتی باید می‌پرسیدید؟

....

....

....

....

نکته بسیار مهم در این بخش این است که پس از مطرح کردن سؤال باید کمی صبر کنیم تا شخص به سؤال ما پاسخ بدهد و ممکن است دراین‌بین چندین سؤال از جانب شما مطرح شود.

زمانی که احساس کردید فرد انتقادکننده پاسخ روشنی مطرح کرد و دیگر نیازی به سؤال پرسیدن نیست، نوبت به مرحله آخر می‌رسد.

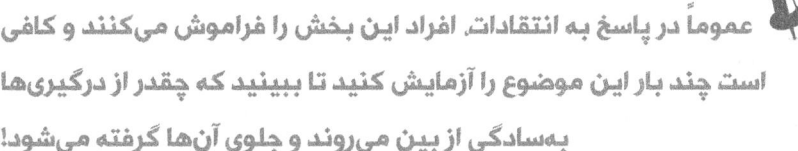

عموماً در پاسخ به انتقادات، افراد این بخش را فراموش می‌کنند و کافی است چند بار این موضوع را آزمایش کنید تا ببینید که چقدر از درگیری‌ها به‌سادگی از بین می‌روند و جلوی آن‌ها گرفته می‌شود!

از روش شفاف‌سازی برای استخراج پیام گوینده استفاده کنید

یکی از قدرتمندترین روش‌های استخراج پیام گوینده، شفاف‌سازی می‌باشد. منظور از شفاف‌سازی سؤال پرسیدن و چک کردن مطالب کلیدی صحبت گوینده بر اساس فهم خودتان با وی است تا مطمئن شوید که درست متوجه مطلب شده‌اید. شفاف‌سازی، به‌خصوص در موقعیت‌های ارتباطی دشوار خیلی مهم است.

هدف شفاف‌سازی اطمینان شنونده از این است که درک درستی از صحبت‌های گوینده داشته است و برداشت‌های غلط خود را اصلاح کند. شفاف‌سازی شامل سؤال پرسیدن راجع به منظور گوینده است. برای شفاف‌سازی بعد از اتمام هر بخش از سخنان گوینده، باید سؤالات بدون قضاوت و بدون جهت از گوینده بپرسیم و به‌این‌ترتیب از گوینده بازخورد بگیریم.

توصیه‌هایی برای شفاف‌سازی

- بپذیرید که راجع به منظور گوینده مطمئن نیستید و باید سؤال کنید.
- از گوینده بخواهید که منظورش را تکرار کند یا به روش دیگری توضیح دهد.
- چیزی را که گوینده گفته با زبانی دیگر تکرار کنید و ببینید که آیا درست فهمیده‌اید.
- از او بخواهید که مثال بزند یا شاهد مثالی بیاورد.
- سؤالات باز و بدون قضاوت بپرسید.
- میان صحبت گوینده نپرید.

- از عبارات دستوری محترمانه مثل «لطفاً بیشتر توضیح بده» استفاده کنید.
- به گوینده فضای کافی بدهید که منظورش را بیان کند نه این‌که با پرسش‌های خــود او را محدود کنید. برای مثال نگویید «واقعاً فکر نمی‌کنی که ایده من بهترین ایده است؟» به‌جای آن بگویید «نظرت راجع ایده من چیست؟»
- لحن صدایتان پرسشگرانه و عاری از قضاوت و سرزنش باشد. مثلاً وقتی می‌گویید «چرا این کار را انجام دادی؟» ممکن است گوینده احساس کند که در حال متهم کردن او هستید. به‌طور کلی ترجیحاً از کلمه «چرا» که بار معنایی تهدیدآمیز دارد استفاده نکنید. به‌جای آن از گوینده بخواهید بیشتر توضیح دهد.

جبران یا توضیح

پس از این‌که با سؤال پرسیدن، موضوع انتقاد را بسیار دقیق کردیم و دانستیم که چه موضوعی مدنظر فرد است، احتمالاً به این جمع‌بندی می‌رسیم که آیا انتقاد شخص وارد بوده یا نه.

در اینجا اگر انتقاد شخص وارد بوده، ضمن عذرخواهی باید موضوع را جبران کنیم. به‌عنوان‌مثال اگر فردی به ما می‌گوید تو بی‌دقت هســتی، بعد از انجام چهار گام قبلی به این توضیح می‌رسیم که شخص با چند مثال به ما گوشزد می‌کند که واقعاً بی‌دقتی زیادی انجام داده‌ایم و حالا باید پس از عذرخواهی موضوع را جبران کنیم:

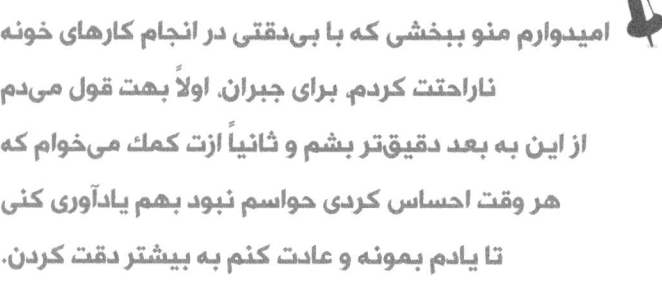

امیدوارم منو ببخشی که با بی‌دقتی در انجام کارهای خونه ناراحتت کردم. برای جبران، اولاً بهت قول می‌دم از این به بعد دقیق‌تر بشم و ثانیاً ازت کمک می‌خوام که هر وقت احساس کردی حواسم نبود بهم یادآوری کنی تا یادم بمونه و عادت کنم به بیشتر دقت کردن.

باز هم پاسخ به این سؤالات می‌تواند به تعداد انتقادهایی باشد که در دنیا وجود دارد!

بنابر این باید بسیار دقیق باشیم و متناسب با هر فرد و موقعیت، بهترین جبران را انجام دهیم.

اما گاهی اوقات انتقاد شخص وارد نیست و احساس می‌کنید که نیازی به جبران نیســت و فقط لازم اســت توضیح دهید. در این حالت اگر انتقاد فرد از سر دلسوزی بود و نیاز بود که توضیحی ارائه کنید، دلیل خود را می‌گویید و البته بعد از آن تأکید می‌کنید که نظر شخصی خودتان است و ممکن است درست نباشد.

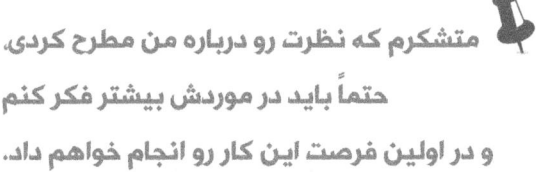

دلیل این‌که من دیر به‌قرار رسیدم این بود که شما یک ساعت قبل از قرارمون زمان رو تغییر دادی و به همین دلیل من نتونستم زودتر بیام پیشت. البته باید بهت می‌گفتم که ممکنه یه کم دیر برسم...

اما اگر احساس می‌کنید که این انتقاد ممکن است به جدل یا کشمکش ختم شود، بهترین کار این است که هیچ توضیحی ارائه نکنید و ضمن تشکر از فرد بگویید که باید بیشتر روی آن فکر کنید.

متشکرم که نظرت رو درباره من مطرح کردی، حتماً باید در موردش بیشتر فکر کنم و در اولین فرصت این کار رو انجام خواهم داد.

زیر تیــغ:

لطفاً یکی از دردناک‌ترین انتقادهایی را که در چند روز اخیر به شما صورت گرفته، به یاد بیاورید و بر اساس آن جدول زیر را تکمیل کنید و بنویسید که چه واکنشی، بهترین واکنش است:

تشکر از توجه

....

ابراز تأسف

....

سؤال

....

جبران یا توضیح

....

نتیجه‌ای که دریافت کردم

....

حالا این نحوه پاسخ دادن را به‌صورت یـک فایل صوتی برای خود ضبط کنید و ببینید که چه‌طور اجرا می‌کنید!

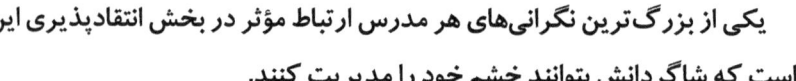

مدیریت خشم

یکی از بزرگ‌ترین نگرانی‌های هر مدرس ارتباط مؤثر در بخش انتقادپذیری این است که شاگردانش بتوانند خشم خود را مدیریت کنند.

همان‌طور که بارها اشاره کردیم، بحث انتقاد به‌گونه‌ای است که به احتمال زیاد،

باعث ناراحتی ما می‌شود و این یک هنر بزرگ است که بتوانیم خشم خود را مدیریت کنیم.

این نکته مهم را در نظر داشته باشید که:

 اگر کسی بتواند ما را خشمگین کند، یعنی توانسته ما را کنترل کند.

بحث مدیریت و کنترل خشم موضوع مفصلی است که به‌صورت مختصر در مورد آن مطالبی را ارائه می‌کنیم.

حقیقت این است که در شرایط فعلی که در آن زندگی می‌کنیم، واقعاً اجتناب‌ناپذیر است در طول روز چندین و چند مرتبه خشمگین نشویم؛ اما قبل از این‌که بخواهیم این موضوع را بررسی کنیم که چطور می‌توانیم خشم خود را مدیریت کنیم، لازم است چند عبارت را با هم معنی کنیم. این‌ها عبارت‌اند از:

- خشم
- عصبانیت
- فرد عصبی

اجازه بدهید این عبارات را تعریف کنیم. زمانی که صحبت از خشم به میان می‌آید، باید به خاطر داشته باشیم که **خشم یک حس است.** زمانی که به چیزی که می‌خواهیم نرسیم، خشمگین می‌شویم. **حالا در بحث انتقاد، خشم می‌تواند ناتوانی در جلب نظر طرف مقابل باشد.** اگر به هدفمان نرسیم، به حقمان نرسیم، به خواسته‌هایمان نرسیم، به نیازمان نرسیم، خشمگین می‌شویم.

تا اینجای کار باید بگوییم که اتفاقاً این خشم یک حس طبیعی است. اما مشکل زمانی ایجاد می‌شود که تعریف عصبانیت به میان می‌آید.

عصبانیت چیست؟

عصبانیت رفتاری است که به واسطه خشم بروز می‌کند. این رفتار می‌تواند دادوبیداد باشد، کتک زدن و درگیر شدن باشد، شکستن وسایل باشد یا هر چیز دیگری...

بحث کنترل خشم در یکی از فایل‌های صوتی دوره غیر حضوری ۲۱ تغییر کوچک، ۲۲ نتیجه بزرگ توضیح داده‌شده است که شما می‌توانید با مراجعه به صفحه اختصاصی این کتاب و ورود رمز عبور، آن را دانلود کنید.

در ادامه با فرض این که شما فایل صوتی مذکور را گوش‌داده‌اید، راهکارهایی که در این فایل صوتی وجود نداشته را مطرح می‌کنیم.

شناخت دکمه‌های جوش خود!

از تکنیک‌های بسیار مهم مدیریت خشم این است که ما بتوانیم شناخت دقیقی از دکمه‌های جوش خود داشته باشیم. دکمه‌های جوش، در حقیقت رفتارها و یا عباراتی هستند که اگر کسی از آن‌ها استفاده کند، ما را خشمگین می‌کند.

به همین دلیل اگر به‌خوبی از دکمه‌های جوش خود شناخت کاملی داشته باشیم، می‌دانیم که نقاط ضعفمان کجاست، روی آن‌ها کار می‌کنیم و می‌توانیم بسیار سریع از آن‌ها عبور کنیم و اجازه ندهیم که هر کسی ما را خشمگین کند.

زیر تیغ:

لطفاً همین حالا تعدادی از دکمه‌های جوش خود را بنویسید (البته سعی کنید کسی آن را نبیند!):

....
....
....

حالا پس از نوشتن دکمه‌های جوش خود، سعی کنید با تصویرسازی ذهنی خود را در شرایطی ببینید که کسی به شما این جملات را می‌گوید اما شما به‌سادگی می‌توانید خشم خود را کنترل کنید.

به این صورت که چشمان خود را ببندید و درست مثل یک کارگردان صحنه‌پردازی کرده و یک سناریو خلق کنید که در آن مشغول بازی هستید!

تحریف ذهنی یک عبارت ساده

از دیگر موضوعاتی که به مدیریت خشم ما کمک می‌کند و شباهت زیادی نیز به بحث دکمه‌های جوش دارد، بحث تحریف ذهنی است.

گاهی اوقات زمانی که فرد در حال انتقاد از ما است، از واژگانی استفاده می‌کند که این واژه برای او بار مفهومی خاصی ندارد، اما برای ما یک دنیا مفهوم ایجاد می‌کند و باعث می‌شود که گارد شدیدی بگیریم.

به‌عنوان مثال اگر در کودکی، فردی از اعضای خانواده بوده که همیشه بیشتر از ما مورد توجه قرار می‌گرفته و همیشه با ما مقایسه می‌شده و از عبارت «چرا این کار رو کردی؟ مگه نمی‌بینی داداشت چی کار می‌کنه...» علیه ما استفاده می‌شده است! حالا از آن دوران ۲۰ سال گذشته و دیگر مقایسه‌ای رخ نمی‌دهد، اما کافی است همسر شما بگوید «چرا این کار رو کردی؟» همین جمله ممکن است شما را یاد چنین رویدادی بیندازد!

به همین دلیل لازم است که به‌خوبی تحریف‌های ذهنی خود را بشناسید و بدانید که کجاها انتقاد شخص مقابل است و کجاها انتقاد ذهنتان از خودتان!

زیر تیغ:

ببینید آیا در زمان شنیدن انتقاد، تحریف‌های ذهنی شما وارد عمل می‌شوند؟ کجا این اتفاق رخ می‌دهد؟ تحریف‌های ذهنی شما چه هستند؟

....

....

....

❝ این مدل پاسخ به انتقادات مصنوعی نیست؟!

سؤالی که برای بسیاری از عزیزان ایجاد می‌شود این است که خب اگر ما به همه انتقادها این‌طور پاسخ بدهیم، دیگر همه‌چیز مصنوعی می‌شود! آیا این‌طور نیست؟

پاسخ من به این عزیزان این است که فقط در یک صورت انتقادها مصنوعی خواهند شد و آن زمانی است که در ابتدای راه باشیم!

بله! دقیقاً در ابتدای هر کاری وقتی سعی می‌کنیم رفتاری را در خود تغییر بدهیم، می‌بینیم که رفتارهای ما واقعی نیستند و بسیار مصنوعی هستند و البته شاید خنده‌دار به نظر برسند.

اما حقیقت این است که این مصنوعی بودن، بخشی از روند کار است، یعنی باید به‌عنوان بخشی از کار آن را بپذیریم و سعی کنیم با تمرین بسیار زیاد سریع‌تر از این مرحله عبور کنیم.

❝ روبات نباشید

یادمان باشد آنچه در این کتاب گفته می‌شود اصول کلی هستند و بسته به شرایط همه‌چیز می‌تواند تغییر کند.

 **تفاوت جدی که بین علوم انسانی و علومی مثل ریاضیات و فیزیک وجود دارد این است که تنوع و استثنائات بسیار زیاد هستند و همیشه ۲+۲ چهار نخواهد شد.**

پس ممکن است تکنیکی در جایی به خوبی جواب بدهد و در جایی دیگر اصلاً این‌طور نباشد و نقش مخربی داشته باشد.

مطمئنم که مثال‌هایی که در فیلم‌های آموزشی انتهای این فصل برای شما در نظر گرفته‌ایم به شما کمک می‌کند تا دید درستی از مطالب این فصل داشته باشید.

چطور انتقادات را عملی کنیم؟

تمام مطالب کتاب تا به اینجای کار برای این بود که بتوانیم از انتقادهای دردناک، پلی برای موفقیت خود بسازیم و این قسمت دشوارترین و مهم‌ترین بخش برای کار ماست.

در حقیقت انتقادها جنبه‌هایی از ما هستند که احتمالاً به آن‌ها توجهی نداشتیم یا از نظر ما مهم نبودند اما از نظر دیگران آن‌قدر اهمیت داشته‌اند که به ما گوشزد شده‌اند.

پس پیشنهاد می‌شود که از این به بعد با دید مسئله‌محور به انتقادها نگاه کنیم و سعی کنیم آن‌ها را پس از دریافت از شخص انتقادکننده به‌عنوان یک پیشنهاد بررسی کنیم. برای این کار اجازه بدهید به گفت‌وگوی بین لاله و رضا دقت کنیم:

لاله و رضا کمتر از ۵ سال است که با یکدیگر ازدواج کرده‌اند، رضا سرپرست بخشی مهمی از یک کارخانه خودروسازی است و لاله خانه‌دار است. در زمان کودکی و نوجوانی لاله، پدر همه خریدهای خانه را انجام می‌داده و مسئولیت کارهای

بیـــرون خانه تمام و کمال بر عهده پدر خانـــواده بوده، درصورتی‌که در خانواده رضا، برادر بزرگ‌تر این کار را انجام می‌داده و هیچ‌گاه رضا درگیر این مسائل نشده است.

انتقاد همیشگی و معمول لاله از رضا این است که تو بی‌مسئولیتی! به این گفت‌وگو دقـــت کنید که این بار رضا با به‌کارگیری تکنیک‌هـــای انتقادپذیری به‌خوبی آن را مدیریت می‌کند و بعد از ۵ سال به این کدورت پر زحمت خاتمه می‌دهد:

لاله (با لحنی بدون عصبانیت و بیشتر شبیه به غر زدن):

● رضا یه بار شد که توی این زندگی یه خرید بکنی؟ خدایی خیلی بی‌مسئولیتی! اعصاب منو به هم نریز تورو‌خدا. کار کارخونه رو روزی صد ساعت هم انجام می‌دی اما این‌که موقع برگشتن دوتا چیز بخری این‌قدر برات سخته؟ مسئولیت‌پذیر باش. زندگی مسئولیت داره رضا!

رضا درحالی‌که به‌محض شروع شدن انتقاد، تلویزیون را خاموش کرد و به سمت لاله برگشت و پس از شنیدن کامل این انتقاد گفت:

● الهی فدات بشـــم که این‌قدر زحمت می‌کشی به فکر زندگیمون هستی، این‌قدر ناراحتم که ناراحت می‌بینمت. البته با اخم هم خوشگلیا! خریدهای خونه که گردنت هســـت خیلی زحمت داره برات عزیزم؟ (رضا بسیار مواظب بود که دکمه جوشش یعنی بی‌مسئولیتی – که از آن بیزار است – فشرده نشود و می‌دانست که منظور لاله از بی‌مسئولیتی فقط خرید نکردن است)

● بله! از صبح تا شـــب کارهای خونه رو می‌کنم حالا توی این ســـرما و گرما خرید هم باید بکنم. خدایی بی انصافیه! سر راهت بخر دیگه. هر دفعه می‌گی یادم رفت و حال‌ندارم و جون ندارم و ...

● خب حالا بزار یه فکری بکنم که این همسر عزیزم اخماش نره تو هم! آخه منم بعد از ۸-۹ ساعت کار خیلی برام سخته که از ماشین پیاده بشم و خریدها رو انجام بدم ولی دوســـت ندارم تو رو ناراحت ببینم. می‌خـــوای یه وقت کوچولو بهم بده که

فکری بکنم و بعد از شام با هم صحبت کنیم؟

رضا در این شرایط یک مسئله پیش رو دارد:

خریدها باید انجام شود!

بسیاری از افراد مسئله را اشتباه متوجه می‌شوند و آن را درست برای خود تعریف نمی‌کنند. در اینجا مسئله این نیست که رضا باید خرید را انجام دهد؛ بنابراین شاید بهترین کار این باشد که در نزدیکی خودمان سوپرمارکتی پیدا کنیم که امکان ارسال رایگان دارد و البته با دادن مقداری انعام به پیک موتوری، از او بخواهیم که هر روز زودتر این کار را بکند!

به همین سادگی انتقادی به بزرگی بی‌مسئولیتی از روی دوش رضا برداشته شد و البته حساب کنید موضوعی که در هر هفته چند بار باعث رنجش هر دوی آن‌ها می‌شد اکنون از بین رفته است!

***

اجازه بدهید یک مثال کاری هم مطرح کنیم که بین خانم بشیری (کارشناس خدمات پس از فروش) و آقای توانا مدیر مستقیم او شکل می‌گیرد.

آقای توانا (با صدایی آرام اما خشمگین):

● خانم بشیری شما خیلی بد کار می‌کنی و آبروی شرکت رو می‌بری! اگه دل به کار نمی‌دی و این مسخره‌بازی‌ها همیشه به راهه یه جای دیگه رو پیدا کنید. اینجا شرکت خصوصیه و پولش از جیب ما داره می‌ره و ما بی‌خیال نیستیم و نمی‌تونیم با کسی که بد کار می‌کنه همکاری کنیم.

خانم بشیری هم فوراً سرش را از کامپیوتر برمی‌گرداند و حالات چهره خود را از حالت خنده به جدی تغییر می‌دهد و به‌صورت فعالانه گوش می‌کند تا صحبت آقای توانا تمام شود.

● خانم بشیری: آقای توانا اول از همه متشکرم که من رو در جریان کار قراردادید

و وقت گذاشتید با من صحبت کنید و البته خیلی متأسفم که باعث ناراحتی شما و مجموعه شدم. می‌تونم ازتون خواهش کنم دقیق‌تر بفرمایید که کدوم رفتار من باعث این موضوع شده تا فوراً اصلاحش کنم؟

● شما هر زمان که دلتون می‌خواد به مشتریان قول می‌دید و شده که مشتریان ما از ما تا ۱۰ روز هم بدقولی تحمل کرده‌اند! مشتری وقتی یک‌بار با چنین اتفاقی روبه‌رو می‌شه دیگه می‌ره سراغ یه شرکت دیگه. مگه این بازار پر رقابت چقدر مشتری داره؟

خانم بشیری بسیار خوشحال هست به دلیل این‌که از روش درست انتقادپذیری استفاده کرده. چون ابتدای صحبت او فکر می‌کرد که منظور مدیر در مورد با تأخیر رسیدن او سر کار است، حالا حساب کنید که او در مورد این موضوع جواب می‌داد...

● آقای توانا، من عذرخواهی می‌کنم بابت این موضوع و شما درست می‌فرمایید، متأسفانه در چند مورد من دقت نظر کافی را نداشتم و قول‌هایی را که دادم، فراموش کردم. از این به بعد تمام تلاشم را می‌کنم که نه‌تنها هیچ بدقولی نداشته باشم بلکه از خوش‌قولی، مشتریان شرکت را شگفت‌زده کنم...

خانم بشیری حالا یک مسئله دارد و آن‌هم این است که زمان تحویل دیر نشود و قولش را فراموش نکند.

مسئله‌ای که در صورت حل کردن آن، نه‌تنها کمتر اعصابمان خرد می‌شود و کمتر باید انتقادات مشتریان و مدیران را تحمل کنیم، بلکه باعث می‌شود تا بین همکارانم جایگاه خوبی داشته باشم و بتوانم به‌زودی ارتقا بگیرم.

مسئله این است که قول‌های ما فراموش می‌شود و اگر بخواهیم آن را دقیق‌تر بررسی کنیم می‌بینیم که امکان ندارد بتوانیم به سیستم حافظه انسان اتکا کنیم و به خود بگوییم که نباید دیگر فراموش کنیم. برای همین یک جدول ساده تهیه می‌کنیم

و تمام مکالمات را در آن ثبت می‌کنیم و هر قولی که می‌دهیم می‌توانیم در قسمت یادآوری موبایلمان بنویسیم و در این صورت هیچ‌چیزی را فراموش نخواهیم کرد.

***

یا مثلاً انتقادی که سه سال پیش باعث شد کسب‌وکار من تغییرات چشم‌گیری داشته باشد و البته واقعاً به من ربطی نداشت این بود که فردی با دفتر ما تماس گرفت و با لحنی بسیار تند گفت:

- رئیس این خراب‌شده کیه؟
- سلام بزرگوار، بهرام‌پور هستم، مدیر مجموعه. در خدمت شما هستم.
- شما که عرضه ندارید یک بسته آموزشی را به‌موقع به دست ما برسانید همان بهتر که برید بمیرید!

...

پس از گفت‌وگوی ما و مرحله چهارم مشخص شد که مشکل اینجا بوده که این فرد ۵ روز پیش سفارشی را ثبت کرده و تا حالا به دستش نرسیده است.

در گام پنجم از وی عذرخواهی کردم و به او توضیح دادم که ما همان ۵ روز پیش این بسته را تحویل اداره پست داده‌ایم و این تخطی از جانب ما نبوده اما به هر صورت چون دوست نداریم که مشتری ما ناراحت باشد، این پیشنهاد را مطرح کردم که برای جبران، به او یک بسته از محصول جدیدمان را هدیه دهم و نتیجه این شد که اکنون او یکی از بهترین مشتریان ما به شمار می‌رود.

اما کار من اینجا تمام نشد. قسمت بازخورد گرفتن از انتقاد، مهم‌ترین قسمت کار است!

حالا نوبت این موضوع بود که بررسی کنیم که چرا چنین اتفاقی رخ داده است؟ خب مسلماً برای ما امکان‌پذیر نیست که در اداره پست تغییری ایجاد کنیم و نتیجه این شد که تمام محصولات خود را به‌صورت دانلودی هم ارائه کردیم و در نتیجه

الآن بیشترین رضایت از همین موضوع است و البته مبلغ چشمگیری نیز در روند این کار به درآمد ما اضافه شد!

می‌بینید! این تیغ بُرنده انتقاد که با این جمله شروع شد که: رئیس این خراب‌شده کیه؟ تبدیل به یک پل طلایی برای افزایش درآمد و کاهش زحمت کارکنانم شد!

باور کنید تحمل توهین‌ها و تحقیرهای این فرد اصلاً ساده نبود، اما این افزایش درآمد و کم شدن زحمت ارسال بسته‌های پستی این‌قدر شیرین بود که به‌سادگی می‌گویم ارزشش را داشت...

حالا شما تصمیم بگیرید که با انتقادها چه می‌کنید؟

تمرین

همین الآن سه مورد از انتقادهایی را که در هفته گذشته به شما شده، بنویسید:

....

حالا با روش حل مسئله ببینید که چطور می‌توانید آن را حل کنید و تبدیل به نقطه قوت خود کنید.

....

....

....

اشتباهات متداول در انتقادپذیری

در ادامه، تعدادی از اشتباهات متداول در انتقادپذیری را مطرح می‌کنیم که عبارت‌اند از:

۱. پذیرش همه انتقادات،

۲. مشاجره کردن،

۳. جلب نظر همه،

۴. روزی که کسی از ما انتقاد نخواهد کرد.

۱. پذیرش همه انتقادات

هیچ عقل سلیمی از انتقادهای خوب و سازنده فراری نیست، اما باید توجه داشته باشیم که لزوماً همه انتقادها هم خوب نیستند. باید بپذیریم که در مسیر انتقادپذیری، کاملاً طبیعی است که گاهی مجبوریم انتقادهایی را که وارد نیستند و یا مناسب ما نیستند، نیز بپذیریم.

به‌عنوان‌مثال، در دوره‌ای یکی از شرکت‌کنندگان از این‌که من در کلاس زیاد از طنز استفاده می‌کنم انتقاد کرد. هرچند انتقاد او از سر دلسوزی و محبت بود اما من به‌عنوان طراح آموزشی، این نکته را به‌خوبی می‌دانم که طنز چقدر بر روی یادگیری مخاطبان اثر مثبت دارد و جلوی خستگی یادگیرندگان را می‌گیرد و از همه مهم‌تر باعث به یادماندن بهتر مطالب می‌شود.

نکته جالب این‌که پس از رأی‌گیری در جمع ۲۰۰ نفره این دوره، حدود ۱۹۰ نفر با این میزان از طنز کاملاً موافق بودند!

حالا با این توضیحات با چنین نقدی که وارد هم نیست چه رفتاری می‌توان داشت؟

مسلماً قرار نیست هر انتقادی پذیرفته شود و ما پس از طی کردن مراحل انتقاد، اگر با آن موافق نبودیم، می‌توانیم توضیح –نه توجیه– آن را بگوییم و اگر بحث ادامه پیدا کرد، بحث را ادامه ندهیم چون مسلماً باعث کدورت و یا عصبانیت خواهد شد.

البته این‌یک مثال از نقدهای دلسوزانه بوده ولی وارد نیست، اما گاهی اوقات نقد حالت تخریبی و البته مردود دارد که آن نیز در جای خود باید بررسی شود.

۲. مشاجره کردن

از جمله بزرگ‌ترین اشتباهات در انتقادات این است که اگر می‌بینیم فرد قانع نمی‌شود و یا دوست دارد که بحث را ادامه دهد، ما به گونه‌ای بحث را ادامه دهیم که کار به مشاجره برسد.

بهترین روش‌ها برای جلوگیری از مشاجره و یا پایان دادن به آن، عبارت‌اند از:

۱. دادن پاسخ‌های کوتاه و خلاصه،
۲. رد کردن با طنز،
۳. خب حالا چی کار کنم؟
۴. عوض کردن بحث،

حال به توضیح هر کدام از این روش‌ها می‌پردازیم.

دادن پاسخ‌های کوتاه و خلاصه

همیشه منصفانه حرف‌های منتقد را ارزیابی کنیم اگر واقعاً بی‌جا یا مغرضانه مطرح‌شده باشند و احساس کردیم باید حتماً به آن جوابی بدهیم بهتر این است که بسیار کوتاه و حداقل باشد.

مثلاً متشکرم که نظرت رو گفتی ...

حتماً سعی می‌کنم در موردنظرت بیشتر فکر کنم...

رد کردن با طنز

یکی از پرکاربردترین تکنیک‌ها برای این کار، تکنیک رد کردن با طنز است. البته این تکنیک فقط زمانی کاربرد دارد که به لحاظ جایگاهی بتوانیم با شخص مقابل شوخی کنیم. (لطفاً از این روش با پدربزرگ مسن و بسیار جدی استفاده نکنید).

از آنجایی که این تکنیک نیاز به توضیحات کلامی دارد، پیشنهاد می‌کنم به لینک

زیر مراجعه کنید:

www.Bah.red/fun

نکته بسیار مهم این است که این روش باعث نشود که ما از انتقادات بسیار مهم با طنز عبور کنیم. این روش فقط باید در مواردی استفاده شود که بحث سلیقه در میان است و نه موضوعات مهم.

در صورت استفاده زیاد از این روش، اعتبار خود را از دست خواهیم داد و دیگران ارتباط جدی با ما نخواهند گرفت.

❝ خب حالا چی‌کار کنم؟

از دیگر تکنیک‌های پرکاربرد برای جلوگیری از بحث و مشاجره این است که از فرد انتقادکننده بپرسیم، خب حالا چی‌کار کنم؟

مثلاً اگر فردی به‌صورت تحقیرآمیز به شـما می‌گویـد چه دماغ بزرگی دارید و بحث را ادامه می‌دهد، می‌توانید به او بگویید که خب حالا پیشنهادی دارید؟

احتمالاً چنین فرد گستاخی پاسخ‌های بی‌مزه‌ای مثل:

- خب برو عمل کن،
- از جلوم چشمام ببرش کنار،
- و ...

را مطرح می‌کند که شما به‌سادگی و با گفتن جواب: چشم! بحث را به پایان می‌رسانید. چرا؟ چون وقت شما حتماً ارزشمندتر از این است که با چنین افرادی مشاجره کنید.

عوض کردن بحث

از دیگر تکنیک‌هایی که گاهی اوقات می‌توان از آن استفاده کرد این است که ما بحث را عوض کنیم.

مثلاً فرد به‌قصد تحقیر می‌گوید که دماغ تو از دماغ وحید هم بزرگ‌تر است: حالا بهترین کار این است که شما اصلاً بحث را عوض کنید و با یک سؤال مثل این‌که: راستی وحید هفته پیش بیمارستان بود! تو رفتی ملاقاتش؟

می‌بینید! به احتمال ۹۰ درصد بحث به سوی دیگری خواهد رفت و نیازی به مشاجره نخواهد بود.

۳. آیا ممکن است نظر همه را جلب کنیم؟

سومین اشتباه بزرگی که باید مدنظر داشته باشیم این است که بدانیم نمی‌توانیم نظر همه را جلب کنیم!

امکان ندارد در جمعی همه یک نظر داشته باشند و شما هر کاری که انجام بدهید همواره مخالفانی خواهید داشت.

حالا این هنر شماست که از داشتن مخالفان نهراسید و از انتقادهای آن‌ها پلی به‌سوی موفقیت خود بسازید.

اگر کمی دقیق باشیم می‌بینیم که حتی بهترین‌ها و موفق‌ترین‌ها مثل:

- رؤسای جمهور کشورهای مختلف
- مطرح‌ترین تیم‌های باشگاهی و ورزشی
- و...

همه و همه بیشترین مخالفان را نیز دارند؛ بنابراین شما نیز باید این را بدانید که امکان ندارد روزی از ما انتقاد نشود.

به‌عنوان بخش پایانی، شاید بد نباشد که این داستان را با یکدیگر مرور کنیم:

لقمان حکیم به فرزندش سفارش می‌کند: فرزندم به رضایت، ستایش و تعریف مردم دل نبند، زیرا هرقدر انسان در راه آن بکوشد به هدف نمی‌رسد و هرگز نمی‌تواند رضایت همه را به دست آورد.

فرزند به لقمان گفت: معنای کلام شما چیست؟ دوست دارم با مثال یا عمل یا گفتاری به من نشان دهی.

لقمان از او خواست باهم بیرون بروند. پدر با پسر با یک درازگوش (الاغ) بیرون رفتند.

پدر سوار درازگوش شد و پسر پیاده دنبالش به راه افتاد. در راه عدّه‌ای را دیدند که با یکدیگر می‌گویند: این مرد کم عاطفه را ببین که خود سوار شده و بچه را پیاده به دنبال خود می‌برد. چه کار زشتی! لقمان به فرزندش گفت: سخن مردم را شنیدی؟

سوارشدن من و پیاده بودن تو را بد دانستند. گفت: بلی. حالا تو سوار شو من پیاده به دنبالت راه می‌روم. پسر سوار شد و پدر پیاده به دنبال او حرکت کرد. باز با گروهی برخورد کردند. آنان نیز گفتند: این چه پدر بد و آن پسر هم بی‌ادب است. پدر بد است چون پسر را خوب تربیت نکرده. او سوار است و پدر پیاده! بهتر بود پدر سوار می‌شد تا احترامش نگه داشته شود.

پسر بی‌ادب است که پدر پیاده و خودش سوار است. او عاق والدین می‌شود. لقمان به پسر فرمود: سخن این‌ها را هم شنیدی؟

بله آقا.

لقمان فرمود: حالا هر دو سوار الاغ می‌شویم. هر دو سوار شدند. در این حال به

گروهی دیگر از مردم رسیدند. آنان با خود گفتند. دو نفر سنگین هستند. در دل آن‌ها اثری از رحم نیست. هر دو سوار بر یک حیوان شده‌اند. از سنگینی وزنشان پشت حیوان می‌شکند.

اگر یکی سواره، دیگری پیاده می‌رفت، بهتر بود. لقمان به فرزندش گفت. صحبت این‌ها را هم شنیدی؛ گفت بلی.

حالا حیوان را بی‌بار و خودشان پیاده به دنبال حیوان حرکت کردند. باز مردم آنان را برای این که از حیوان استفاده نمی‌کنند و مرکب را جلو انداختند و خودشان به دنبال آن پیاده می‌رفتند سرزنش کردند.

لقمان به فرزندش گفت؛ آیا برای انسان راهی کامل برای جلب رضایت مردم وجود دارد. «بنابراین امیدت را از رضای مردم قطع کن و به فکر رضایت خداوند باش، زیرا این کار آسان است و سعادت دنیا و آخرت در همین است.»

جواب انتقاد را با انتقاد ندهیم

از دیگر اشتباهات نابخشودنی در انتقادپذیری این است که سعی کنیم جواب انتقاد را با انتقاد بدهیم.

جملاتی مثل این که:

- اگه من اینجوری هستم خودت چی می‌گی که تا ظهر می‌خوابی؟
- اگه مشکل این زندگی، من هستم پس چرا دعوا همیشه سر کارهای بیخود تو هست؟

واقعاً نیازی به توضیح نیست که چنین نوع پاسخ‌دهی بدترین حالت ممکن است.

دقت کنید که افراد حرفه‌ای پیشنهاد می‌کنند که اگر می‌خواهید از کسی که از شما انتقاد کرده انتقاد کنید تا حد ممکن انتقاد را به تعویق بیندازید تا اثر بیشتری داشته باشد.

اگر کسی از ما انتقاد نکرد

و در پایان باید بگویم که اگر کسی از ما انتقاد نکرد، دو حالت بیشتر ندارد:

۱. جان به جان‌آفرین تسلیم کرده‌ایم و خبر نداریم!

۲. در حال نقش بازی کردن جلوی افراد مختلف هستیم و جلوی هر کس به‌گونه‌ای خاص ظاهر می‌شویم.

بنابراین این فصل را با این جمله زیبا از گاندی به پایان می‌بریم:

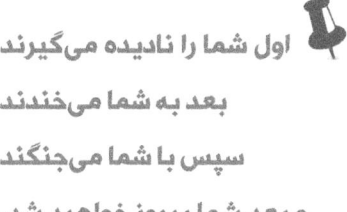

اول شما را نادیده می‌گیرند

بعد به شما می‌خندند

سپس با شما می‌جنگند

و بعد شما پیروز خواهید شد.

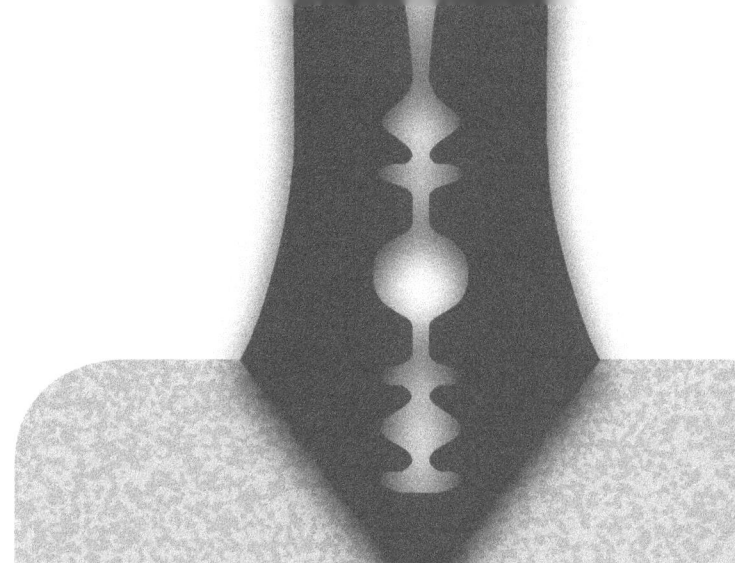

بخش دوم

انتقاد کردن

مطالعه این بخش از کتاب ممنوع است! همان‌طور که در بخش ابتدایی کتاب نیز اعلام کردیم، در ابتدا باید ۲۱ روز برای انجام تمرینات انتقادپذیری وقت بگذاریم و زمانی که مطمئن شدیم به خوبی می‌توانیم رفتارهای مناسب انتقادپذیری را از خود بروز دهیم به سراغ انتقاد کردن برویم.

به نظر می‌آید که انتقاد کردن آسان باشد و انتقاد شنیدن دشوار؛ اما اگر بخواهیم درست به این موضوع نگاه کنیم می‌بینیم که اگر بخواهیم به‌صورت اصولی و صحیح انتقاد کنیم، انتقاد اصولی هم بسیار دشوار و پرزحمت است که به تکنیک‌های زیادی از جمله ارتباط مؤثر، فن بیان و ... نیاز دارد که نه‌تنها باعث ایجاد موضع‌گیری و دشمنی میان افراد نگردد بلکه اثری سازنده داشته باشد.

در بخش گذشته در مورد انتقادپذیر بودن صحبت کردیم و حالا نوبت به آن می‌رسد که اگر لازم شد جایی انتقاد کنیم، چطور این کار را انجام دهیم؟

فصل سوم
آیا باید انتقاد کنیم؟

اجازه بدهید این موضوع را از دید دیگری نگاه کنیم:

 آیا تابه‌حال شده با انتقاد از کسی، اصلاح رفتاری را مشاهده کنید؟

- آیا کودکی با انتقاد مادرش درس‌خوان شده؟
- آیا مردی با انتقاد همسرش شلختگی را کنار گذاشته؟
- آیا شاگردی با انتقاد معلم سر کلاس ساکت نشسته است؟
- آیا کارمندی با انتقاد مدیرش تأخیر صبحگاهی را کنار گذاشته؟

در صدها کارگاه و سمینار و سخنرانی از هزاران نفر این سؤال را پرسیده‌ایم و تقریباً پاسخ همه منفی بوده است! و اگر تغییراتی بوده ارتباط با انتقاد نداشته و عامل اثرگذار دیگری مثل تهدید، قدرت یا محبت در میان بوده است.

در حقیقت ما زمانی انتقاد می‌کنیم که چیزی در دنیای واقعی با آنچه در دنیای مطلوب ذهنی ما وجود دارد متفاوت باشد. مثلاً من اعتقاد دارم که خانه باید مرتب باشد اما همسرم وقتی می‌آید کلید و موبایلش را هر جایی می‌گذارد و با دست نشسته به سراغ یخچال می‌رود! در اینجا بین دنیای مطلوب ذهنی (خانه مرتب و بهداشتی) و دنیای واقعی (یک همسر نامرتب و غیربهداشتی!) تفاوت بزرگی وجود دارد و همین موضوع باعث می‌شود که انتقاداتی شکل بگیرد.

بزرگی گفته است که:

انتقاد از دیگران در حکم جراحی شخصیت آنان است.

این یعنی ما در روز، بارها و بارها دیگران را جراحی می‌کنیم بدون این‌که نتیجه‌ای داشته باشد! و نتیجه عموماً بدتر می‌شود!

حالا یک سؤال! آیا شما حاضرید فردی را جراحی کنید؟

مطمئنم فقط در یک صورت پاسخ مثبت است! زمانی که تمام شرایط زیر برقرار باشد.

۱. این‌که فرد نیاز به جراحی داشته باشد. (و هیچ راه بهتری وجود نداشته باشد)

۲. بهترین زمان برای جراحی همین الآن باشد.

۳. بهترین مکان برای جراحی انتخاب‌شده باشد.

۴. شما به‌خوبی جراحی را بلد باشید.

۵. هیچ فردی بهتر از شما نتواند این جراحی را انجام دهد.

در غیر این صورت هرگز شما تیغ جراحی به دست نخواهید گرفت. حالا سؤال اینجاست که چطور ما به خود اجازه می‌دهیم تیغ انتقاد را به‌سادگی در دست بگیریم و شروع کنیم به انتقاد کردن؟ گاهی اوقات، حتی یکی از شرایط ذکر شده را نیز دارا نیستیم!

اجازه بدهید قبل از هر چیزی این را به شما بگوییم که در این بخش، هدف اصلی ما این نیست که نحوه انتقاد کردن را آموزش بدهیم! هدف اصلی ما منصرف کردنتان از انتقاد کردن است چون اعتقاد داریم جامعه ما بیشتر از آن‌که به انتقاد نیاز داشته باشد، نیاز به آرامش و فضای مثبت دارد.

اگر بر اساس همین نوشته در حال قضاوت ما هستید، پیشنهاد می‌کنم که قضاوت را برای ساعاتی کنار بگذارید و با ادامه متن همراه باشید، شاید انتهای کار نظراتمان به هم نزدیک‌تر شد.

میراسموس

مدتی پیش، یکی از واحدهای صنعتی بزرگ کشورمان، از من (محمدپیام بهرام‌پور) دعوت کرد که یک کارگاه آموزشی برای مدیران ارشد و میانی آن‌ها برگزار کنم.

من معمولاً هر نوع دعوت برای اجرای سخنرانی و کارگاه را نمی‌پذیرم و اگر شرایط آن‌ها خاص یا جالب باشد و یا واقعاً به کمک من نیاز داشته باشند، این کار را انجام می‌دهم.

از همین رو، وقتی با مسئول آموزش آن سازمان صحبت کردم، موضوع برایم بسیار جالب و البته خطرناک آمد.

مدیران این سازمان- که کمتر از ۵ سال از تأسیسش می‌گذشت- به شکل عجیبی با یکدیگر مشکل داشتند، علیه هم جبهه می‌گرفتند، همدیگر را تخریب می‌کردند و خبرچینی یکدیگر را انجام می‌دادند.

وقتی مسئول آموزش، کمی بیشتر برایم توضیح داد، احساس کردم که حال خوبی ندارم، زیرا آنچه را می‌شنیدم به‌صورت ناخودآگاه با یک رویداد تاریخی وحشتناک یکسان می‌دیدم.

شاید لازم باشد که این رویداد را برای شما هم تعریف کنم (هرچند خیلی دردناک است).

دکتر ویلیام ای مِیر، تحقیق و بررسی‌های جالبی در زمینه مشکلات جنگی حدود هزار زندانی آمریکایی که در اردوگاهی در کره شمالی بازداشت بودند، انجام داد.

سربازان آمریکایی در اردوگاه‌هایی نگهداری می‌شدند که بر اساس استانداردهای آن دوران، بسیار ایده‌آل بودند. برخلاف تصوّر افراد، این اردوگاه‌ها، محلی کثیف با اتاق‌های تنگ و تاریک نبودند، بلکه محل‌هایی بودند، بدون دیوار و با غذا و آب کافی و مناسب.

در این اردوگاه‌ها، هیچ‌گونه رفتار ظالمانه و یا غیرعادی- مثلاً شکنجه- یافت

نمی‌شد و به‌صورت کلی، این اردوگاه به نسبت اردوگاه‌های جنگی متداول آن دوران، بسیار ایده‌آل بود.

آنچه توجه دکتر مِیر را به خود جلب می‌کرد، این بود که با وجود تمام این شرایط، تعداد قابل‌توجهی از سربازان آمریکایی در این اردوگاه‌ها می‌مردند!

موضوع عجیب‌تر این‌که، این اردوگاه توسط سیم‌خاردار، دیوارهای بلند و یا نگهبانان مسلح نیز محاصره نشده و امکان فرار از آن، به نسبت دیگر اردوگاه‌ها، بسیار ساده‌تر بود، اما با همه این احوالات، هیچ سربازی برای فرار تلاشی نمی‌کرد!

هنگامی که سربازان باقی‌مانده به یک گروه صلیب سرخ در ژاپن تحویل داده شدند، به آن‌ها اجازه داده شد که اگر می‌خواهند به اعضای خانواده یا کسانی که دوستشان دارند، تلفن کنند و از آن‌ها خبری بگیرند و عجیب اینجا بود که تعداد بسیار اندکی از آن‌ها تمایل به انجام این کار داشتند!

حتی پس از بازگشت به خانه، سربازان هیچ گونه دوستی یا رابطه‌ای با یکدیگر برقرار نکردند. به اعتقاد دکتر مِیر هر یک از این مردان، از نظر روانی در سلولی انفرادی که البته هیچ دیواری نداشت، زندانی بودند.

دوست دارید ادامه این داستان را به‌صورت تصویری ببینید؟ در فیلم «میراسموس» که بخشی از سمینار ارتباط مؤثر به روش ۱+ است این موضوع را بسیار کامل توضیح دادیم. (این فیلم در دانلودهای بخش اول کتاب وجود دارد).

❝ نقش انتقاد در میراسموس

حالا که با میراسموس آشنا شدیم باید به این سؤال جواب بدهیم که یک انتقاد معمولی چقدر می‌تواند مخرب باشد؟ مخصوصاً اگر به درستی بیان نشود!

بنابراین اولین درسی که از داستان میراسموس می‌گیریم این است که تا حد ممکن انتقاد نکنیم زیرا اثرات یک انتقاد ساده می‌تواند بسیار بزرگ‌تر از تصور ما

باشد. خب این اولین دلیل ما برای انتقاد نکردن بود! میراسموس را دست کم نگیریم! چون ممکن است قاتل تدریجی خود و اطرافیانمان باشیم.

❝ انتقاد، عیب‌جویی نیست!

یکی از نکات بسیار مهمی که باید در نظر داشته باشیم این است که انتقاد و عیب‌جویی دو مقوله کاملاً جدا از هم هستند.

انتقاد به نیت اصلاح انجام می‌شود و عموماً راهکاری وجود دارد و ما نیز علاقه و امید به تغییر داریم، اما عیب‌جویی عموماً اعلام یک مشکل یا ایراد است بدون این که ضرورتاً تمایل یا امیدی به اصلاح و تغییر آن داشته باشیم.

این که به چهره کسی یا قد کسی خرده‌ای می‌گیریم، در حقیقت انتقاد نیست بلکه عیب‌جویی است!

❝ چرخه معیوب انتقاد

انتقاد کردن چرخه معیوبی دارد، عموماً مراحل انتقاد به این صورت است که دنیای بیرونی فرد با چیزی که مدنظر دارد متفاوت است و این باعث خشم او می‌شود و به همین دلیل لب به انتقاد می‌گشاید. چه انتقاد نتیجه بدهد و چه نتیجه ندهد، کمی از این خشم کاسته می‌شود و یا به‌اصطلاح دلش خنک‌تر می‌شود.

چنین کاهش خشمی باعث می‌شود که شخص به نوعی از انتقاد و عیب‌جویی خود پاداشی ذهنی دریافت کند و در نتیجه این کار را بیشتر و شدیدتر انجام می‌دهد زیرا مسیر عصبی قوی‌تری در او شکل می‌گیرد.

و از آن‌طرف هم شخص مقابل که عامل انتقاد است، روزبه‌روز به این حجم از انتقادها بی‌تفاوت‌تر می‌شود و بیشتر به این کار که عامل انتقاد است توجه می‌کند و همین باعث می‌شود که فرد انتقادگر بیشتر انتقاد کند و ...

گویا این چرخه هیچ پایانی ندارد و فقط روزبه‌روز به تلخ شدن زندگی انسان‌ها دامن می‌زند.

بنابراین باید در هر جای ایجاد این مسیر عصبی هستیم، جلوی آن را بگیریم و اجازه ندهیم که چنین اتفاقی رخ بدهد.

فصل چهارم

کجا اجازه انتقاد نداریم

اگر خاطرتان باشـد، انتقاد کردن را به جراحی تشـبیه کردیم و حالا قصد داریم بررسی کنیم که دقیقاً در چه شرایطی اجازه جراحی نداریم!

وقتی با روشی به جز جراحی می‌توان درمان را انجام داد!

مطمئناً هر پزشـک حاذق و مسـئولیت‌پذیری، اگر بتواند راه دیگری جز جراحی کردن پیدا کند، این کار را انجام خواهد داد زیرا جراحی، زحمت، ریسـک، هزینـه و زمان زیادی نیاز دارد.

معمولاً عمل جراحی آخرین راهی اسـت که می‌توانیم از آن اسـتفاده کنیم و در انتقاد هم همین‌طور است. انتقاد هم آخرین روشی است که باید از آن استفاده کنیم و تنها درصورتی‌که می‌دانیم هیچ راه دیگری وجود ندارد به سراغ این کار خطرناک برویم.

اگر این موضوع را یادمان باشد که هدف، تغییر و اصلاح است نه انتقاد، در بسیاری از مواقع به جای انتقاد، کارهای دیگری انجام می‌دهیم.

مثلاً یکی از بهترین روش‌ها برای جلوگیری از انتقاد کردن، سؤال پرسیدن است. فرض کنید که پس از مدتی فرزند خود را دیده‌اید و می‌خواهید به او انتقاد کنید که چرا دیربه‌دیر به شما سر می‌زند.

روش انتقادی - که همه آن را بلد هستند اما فایده‌ای ندارد - این است که بگوییم: تو چرا به من سر نمی‌زنی؟ مادرت رو فراموش کردی؟

و اما اگر هدفمان این باشد که پیام را برسانیم و درعین‌حال، فرد کمتر تحت‌فشار قرار بگیرد می‌توانیم بگوییم:

عزیزم این چند وقت برنامه کاری پر فشاری داشتی؟

تفاوت این دو حالت را ببینید! در حالت اول فرزند مجبور است شروع به توجیه کند که به فکرش هست اما سرش شلوغ است و ... که به‌جای این‌که این انتقاد تبدیل به یک تغییر رفتار شود، بیشتر باعث شرمندگی می‌شود و فرزند با خودش می‌گوید که من دفعه بعدی هم که بیایم دوباره این را به من خواهد گفت.

اما در حالت دوم فرزند تحت‌فشار زیادی قرار نمی‌گیرد و خیلی ساده می‌گوید: بله مادرجان ان‌شاءالله سرم خلوت می‌شود بیشتر به شما سر می‌زنم.

زیر تیغ:

لطفاً همین الآن بنویسید که در گذشته چه انتقادهایی انجام دادید که می‌توانستید از همین روش استفاده کنید.

....

....

....

مطمئن باشید اگر می‌خواهید دفعات بعد، از این روش استفاده کنید باید تمرین را از همین الآن شروع کنید تا مسیر عصبی آن در ذهن شما شکل بگیرد.

پس یکی از این روش‌ها این است که به‌جای انتقاد کردن سؤال بپرسیم.

روش دیگر زمانی است که اصلاً می‌دانیم که این اتفاق تکرار نمی‌شود و لازم نیست که با انتقاد کردن جو را متشنج کنیم.

مثلاً چندی پیش برای جشن تولدی در منزل یکی از اقوام بودیم - و احتمال این که دوباره به آنجا برویم بسیار کم است - و آن‌ها سنتوری داشتند و من هم نشستم پشت سنتور و شروع کردم به نواختن سنتور!

نکته تلخ این بود که من تابه‌حال در عمرم سنتور ننواخته بودم و نتیجه این شد که خودم مشغول نواختن بودم اما دیگران از دست من دیوانه شده بودند!

خب عموماً در این شرایط اولین اقدامی که انجام می‌شود این است که فردی به نحوه نواختن من انتقاد می‌کرد و من هم با کمی سرخوردگی مختصر سنتور را کنار می‌گذاشتم و به کانون گرم خانواده بازمی‌گشتم!

اما اتفاق بسیار مهم این بود که خواهرم واکنش بسیار جالبی از خود نشان داد و به جای انتقاد کردن موبایلش را درآورد و از من یک سؤال فنی پرسید!

با همین تکنیک ساده هم همه از دست سنتور زدن من راحت شدند و هم من بدون هیچ گارد و ناراحتی به هنرنمایی خود پایان دادم!

پس یادمان باشد که هدف ما اصلاح و تغییر است نه صرف انتقاد کردن، بنابراین تا می‌توانیم از عمل جراحی انتقاد خودداری کنیم.

❝ زمانی که کار ارزش جراحی ندارد

چه بخواهیم و چه نخواهیم باید بپذیریم که انتقاد کردن از دیگران باعث ناراحتی شخص، از ما خواهد شد. حتی اگر به بهترین نحو این موضوع را مطرح کنیم این اتفاق رخ می‌دهد.

حالا سؤال مهم این است که آیا اصلاً این انتقاد ارزش این ناراحتی را دارد؟ در حقیقت باید این‌طور دید که آیا چنین بیماری مختصری ارزش عمل جراحی را دارد؟ آیا برای یک سرماخوردگی لازم است که یک عمل جراحی مفصل انجام شود؟

مسلماً پاسخ منفی است و گاهی اوقات شاید لازم باشد از روش‌های دیگر استفاده کنیم و یا اجازه بدهیم که طول دوره درمانی طی شود تا بیماری از بین برود. اگر اتفاقی یک بار رخ داده و معلوم است که دیگر رخ نمی‌دهد آیا لازم است که با بیان انتقاد، همسرم را از این بابت ناراحت کنم؟

مسلماً پاسخ منفی است!

بنابراین اگر می‌بینیم که انتقادمان موضوعی است که ارزش زیادی ندارد و یا احتمال تکرار شدن آن بسیار کم است، اصلاً لزومی به خرج کردن کوپن انتقادمان نداریم.

وقتی با جراحی چیزی عوض نمی‌شود!

یکی دیگر از زمان‌های ممنوع برای انتقاد کردن، زمانی است که با جراحی چیزی عوض نمی‌شود! مثلاً بیماری را فرض کنید که باید رژیم غذایی خاصی را بگیرد تا حال او بهتر شود و در صورت حفظ این رژیم غذایی عمل جراحی برای او مفید خواهد بود و در غیر این صورت این عمل نه‌تنها مفید نخواهد بود بلکه ممکن است صدماتی نیز داشته باشد.

در انتقاد نیز همین‌طور است. گاهی اوقات مطمئنم که با انتقاد چیزی عوض نمی‌شود. مثل‌این‌که در جمع، در اولین نگاه به یکی از اقواممان بگوییم که:

چرا این‌قدر لاغر شدی؟ یکم به خودت برس!

خب الآن فرد با شنیدن این جمله تصمیم می‌گیرد که دیگر لاغر نشود؟ یا این‌که بیشتر اعصابش خرد می‌شود؟

وقتی اجازه جراحی نداریم (خودمان مشکل‌داریم)

قطعاً اگر ما جراح زیبایی باشیم اما بینی دستیارمان را بسیار زشت عمل کرده

باشیم و چند نفر دیگر هم حین جراحی به رحمت خدا رفته باشند، مطمئناً از ما اجازه جراحی گرفته خواهد شد.

در حقیقت اگر ما در مورد موضوعی انتقاد کنیم که خودمان در آن مشکل داریم، فاجعه بزرگی رخ داده است! حتماً شما هم رانندههایی را دیدهاید که خودشان به طرز وحشتناکی رانندگی میکنند و درعینحال در حال فحش دادن به رانندگی راننده جلویی هستند.

یا فردی که در حال پرتاب زباله از پنجره ماشین است و از زیبایی خیابانهای اروپا و فرهنگ مردم آنجا میگوید!

امیدوارم قبل از هر انتقادی این موضوع را بررسی کنیم که نکند، خودمان دچار این مشکل باشیم!

❝ وقتی اصلاً تخصص جراحی نداریم! (روش را درست نمیدانیم)

فرض کنید که کسی که در بخش تزریقات یک درمانگاه فعال بوده و حتی رشته پرستاری هم نخوانده و بهصورت تجربی تزریقات را آموخته است، بخواهد یک عمل جراحی قلب باز داشته باشد!

خندهدار نیست؟!

عجیب است که بسیاری از ما نیز انتقادهایمان دقیقاً مثل همین مثال است اما به آن نمیخندیم!

کدامیک از ما در کجا یاد گرفتهایم که درست انتقاد کردن چه روشی دارد؟ جاهایی که باید این مهارت را یاد بگیریم عبارتاند از:

- خانواده
- مدرسه
- جامعه

- رسانه
- دوستان
- و ...

که می‌بینید هیچ‌کدام به‌هیچ‌عنوان در این زمینه درست عمل نکرده‌اند (چون نمی‌خواهیم فضای کتاب منفی شود برای هر کدام مثال نمی‌زنیم) و اگر کسی واقعاً خوش‌شانس باشد که خانواده، معلم یا دوستان خوبی داشته باشد که این موضوع را به او آموزش داده باشند نیز جزء استثنائات است.

بنابراین تا زمانی که روش درست انتقاد کردن را ندانیم، درست تمرین نکنیم و برای بهبود آن تلاش نکنیم، اجازه نقد دیگران را نداریم. همان‌طور که تیغ جراحی را بدون داشتن تخصص در دست نمی‌گیریم.

> وقتی این جراحی به ما ارتباطی ندارد!

از دیگر موقعیت‌هایی که انتقاد کردن ممنوع است، زمانی است که ما تخصص جراحی قلب داریم و اینجا باید روده حیوانی مثل آهو را جراحی کنیم. خب مطمئناً اگر حرفه‌ای باشید قطعاً این کار را نمی‌کنید!

در انتقاد نیز همین‌طور است. اگر موضوع به ما ارتباطی ندارد اصلاً نباید وارد بحث شویم. البته این به معنای بی‌تفاوتی نیست، بلکه زمانی است که واقعاً موضوع به ما ارتباطی ندارد.

مثل این که چرا فلان فامیلمان تعداد بیشتری فرزند نمی‌آورد! یا چرا زودتر بچه‌دار نمی‌شوند؟!

یا موضوعاتی وقیحانه که متأسفانه در مهمانی‌ها و عروسی‌ها شاهد آن هستیم که افراد شروع به نقد داماد یا عروس می‌کنند و بحث سر این است که داماد سر است یا عروس!

یا اگر کمی دقیق‌تر شـویم، تحلیل‌هایی که افراد کم‌سـواد در مورد موضوعات اقتصادی و یا سیاسی مطرح می‌کنند. مثلاً می‌بینیم که در تاکسی، چنان بحث سیاسی در مورد انرژی هسته‌ای شکل می‌گیرد و گروهی از مسافران موافق هستند و گروهی مخالف، درصورتی که بسیاری از آن‌ها واقعاً نمی‌دانند که انرژی هسته‌ای چه کاربردی دارد و...

یا مثلاً از سـاختار اقتصادی کشور به‌سـادگی انتقاد می‌کنیم و از مشکلات رکود می‌گوییـم درصورتی‌که واقعاً اطلاع نداریم که رکود چه نقش مهمی در تصفیه یک اقتصاد سالم بر عهده دارد و...

بنابراین یاد بگیریم اگر در زمینه‌ای حداقل نظرات چندین صاحب‌نظر حرفه‌ای را دقیق نشنیده‌ایم، چند کتاب در مورد آن نخوانده‌ایم و اطلاعات جامعی در مورد آن نداریم صحبت نکنیم.

❝❞ زمانی که سلیقه در حراجی مطرح می‌شود!

فرض کنید که برای مشاوره پیش از عمل جراحی نزد پزشکی مراجعه کرده‌اید و پزشک بگوید که: من «دوست دارم» شما را دو بار عمل کنم!

مطمئناً از این حرف شگفت‌زده خواهید شد! چون می‌دانید که عمل جراحی ربطی به سلیقه و دوست داشتن پزشک ندارد و او باید فقط کاری را که ضرورتاً لازم است انجام دهد.

حالا این عجیب نیسـت که در بسـیاری از مواقع، سلیقه ما در انتقادهایمان نقش دارد؟

مثلاً خیلـی راحت به خود اجازه می‌دهیم از چیدمان منزل کسـی انتقاد کنیم یا سـبک زندگی شخصی کسی - که برای ما هم مشـکلی ایجاد نمی‌کند - را به باد انتقاد بگیریم.

همان‌طور که می‌بینید، انتقاد موضوع حساس و خطرناکی است و ما اجازه نداریم بر اساس سلیقه خود اقدام کنیم و تیغ انتقاد را بسته به سلیقه و دلخواه خود به‌سوی هر کسی بگیریم.

> در روز تعداد جراحی‌های ما محدود است.

یک پزشک در یک روز چه تعداد جراحی انجام می‌دهد؟ مطمئن هستم که قبول دارید که یک پزشک نباید در روز بیش از یک یا دو مورد، تعداد بیشتری جراحی انجام بدهد چون کیفیت کار او تحت تأثیر قرار خواهد گرفت.

همین موضوع در انتقاد هم وجود دارد و به ما کمک می‌کند که تصمیم بگیریم آیا لازم است انتقاد کنیم یا خیر!

بسیار مهم است که بدانیم در هر جایگاهی که باشیم تعداد کوپن‌های انتقاد کردن ما محدود است.

اگر بیش‌ازاندازه انتقاد کنیم به احتمال زیاد از نظر همه، فردی غرغرو و منتقد به‌حساب می‌آییم که به هر چیزی انتقاد می‌کند و به همین جهت کمترین توجه به آن خواهد شد.

اما اگر ببینید فردی که بسیار کم انتقاد می‌کند، لب به انتقاد گشوده است، احساس می‌کنید که اتفاق مهمی رخ داده که چنین فردی نیز به‌اصطلاح صدایش درآمده است!

به همین دلیل سعی کنیم از کوپن انتقادهایمان تا حد ممکن استفاده نکنیم تا زمانی که لازم بود، بتوانیم با اثرگذاری بسیار بیشتر انتقاد را انجام دهیم.

اجازه ندهیم چاقوی انتقاد ما به دلیل استفاده زیاد و بی‌مورد کند شود

وقتی پزشک حاذق‌تری برای جراحی وجود دارد

اگر شما بدانید که احتمال موفقیت جراحی توسط شما ۵۰ درصد است و توسط پزشک حاذق‌تری ۹۰ درصد، مطمئناً اوج بی‌مسئولیتی است اگر مسئولیت جراحی را به عهده بگیرید!

در انتقاد هم همین‌طور است. زمانی که بدانیم اگر انتقاد توسط فرد دیگری انجام شود اثر بیشتری دارد، اوج بی‌مسئولیتی است که تیغ انتقاد را خودمان به سمت فردی بگیریم.

مثلاً اگر رفتار نامناسبی از همسر همکارمان می‌بینیم، بهتر است که خودمان به او بگوییم یا یکی از صمیمی‌ترین دوستانش یا همسرش؟

بنابراین در بسیاری از مواقع نباید خودمان به‌صورت مستقیم وارد شویم زیرا اثربخشی بسیار کمی دارد.

جراحی کردن همراه بیمار!

یکی از بامزه‌ترین صحنه‌های ممکن این است که فردی با نگرانی دوستش را به بیمارستان برساند و بگوید که دوستش تصادف کرده و شما به‌عنوان یک جراح به‌جای این که روی دوست او عمل جراحی را انجام دهید، روی خود او به‌عنوان همراه بیمار این عمل را انجام دهید!

این کار همان‌قدر احمقانه است که ما، از فردی که موضوع به او هیچ ربطی ندارد انتقاد کنیم!

نوع رفتار این‌چنینی که بسیار متداول است این است که ما خیلی راحت به خود اجازه می‌دهیم از وضعیت اقتصادی و مشکلات نزد همسر خود شکایت کنیم!

به بی‌مسئولیتی مدیرمان حمله کنیم و اخبار بد را در خانه بازگو کنیم!

چنین شرایطی دقیقاً مثل جراحی کردن همراه بیمار است! نه‌تنها هیچ کمکی نمی‌کند، بلکه دو بیمار را روی دست ما باقی می‌گذارد!

بنابراین همیشه باید ببینیم که واقعاً شخصی که برای او انتقاد می‌کنیم، آیا شخص مناسبی است یا همراه بیمار است؟!

حالت دیگری از این نوع انتقادهای اشتباه وجود دارد که ما در حال غیبت کردن پشت سر کسی دیگر هستیم (که البته به‌اشتباه به آن انتقاد می‌گوییم) و زمانی که کسی می‌گوید که لطفاً پشت سر کسی صحبت نکنید، با وقاحت تمام به شما نگاه می‌کند و می‌گوید که:

جلوی خودش هم می‌گوییم!

در این حالت هیچ‌چیزی تغییر نکرده است! فقط این فرد به‌جای این‌که یک غیبت کننده باشد، یک غیبت‌کننده پررو است!

نبود شناخت کافی از بیمار

یکی دیگر از طنزهایی که ممکن است رخ بدهد، این است که ما برای سرماخوردگی به پزشک مراجعه کنیم و پزشک پس از سلام و احوال‌پرسی بگوید که لطفاً بروید اتاق عمل الآن می‌آیم خدمت شما!

مطمئناً شما پا به فرار خواهید گذاشت!

چرا؟ چون احساس می‌کنید او بدون شناخت و معاینه کافی قصد دارد شما را عمل کند!

حالا چطور است که ما بدون این‌که شناخت کافی از موضوع، یا از فردی که او را مورد انتقاد قرار می‌دهیم، داشته باشیم شروع به انتقاد می‌کنیم.

این موضوع آن‌قدر اهمیت دارد که در چند صفحه آینده در بخش پیش‌نیاز انتقاد، قضاوت به‌صورت مفصل به آن پرداختیم.

بنابراین یادمان باشد تا زمانی که احساس نکردیم که از همه جوانب به‌اندازه کافی اطلاع داریم انتقاد نکنیم و پیش از آن حتماً سؤال بپرسیم.

جراحی در زمان مناسب

اگر شما یک پزشک حاذق باشید، چه زمانی جراحی را انجام می‌دهید؟ زمانی که همه شرایط مناسب باشد و بهترین زمان را انتخاب می‌کنید. مثلاً اگر بخواهید یک جراحی زیبایی انجام دهید، امکان ندارد در دوران بارداری بیمار این کار را انجام دهید.

یا مثلاً اگر بیماری نیاز به جراحی فوری داشته باشد، آن را برای ۸ ماه به تعویق نمی‌اندازید!

در انتقاد هم همین‌طور است. ما هر زمان که دلمان خواست نمی‌توانیم تیغ انتقاد را به سمت کسی نشانه برویم.

لازم است که بدانیم بهترین زمان ممکن برای انتقاد چه زمانی است؟ مثلاً اگر شخص در روز عروسی خود اشتباهی مرتکب شد لازم است که در پایان عروسی، مجلس را بر او کوفت کنیم؟

چندی پیش در برج میلاد سمیناری ۱۲۰۰ نفره داشتم که به اعتقاد خودم و بسیاری از شرکت‌کنندگان آن، جزو باکیفیت‌ترین سمینارهایی بود که در آن حضور پیدا کرده بودند.

در میانه سمینار (وقتی یکی از سخنرانان مهمان در حال سخنرانی بود سراغ موبایلم رفتم) و پیامکی دریافت کردم که دقیقاً متن آن به این صورت بود:

بعد از سمینار هر زمان فرصت داشتید بفرمایید تماس بگیرم.
مسائلی رو در رابطه با سمینار باید خدمتتون بگم.
برای بهبود سمینارهای بعدی انشاالله.
البته به نظر بنده ببخشید که جسارت می‌کنم!

حالا فرض کنید که شما پس از سه ماه تلاش شبانه‌روزی موفق به برگزاری این سمینار با این عظمت و کیفیت شدید (همین بس که این سمینار ۱۲۰۰ نفره رأس ساعت، دقیقه و ثانیه‌ای که به مخاطبان قول داده بودیم آغاز شد و همه‌چیز دقیقاً طبق برنامه پیش رفت) و حین برنامه چنین پیامکی دریافت می‌کنید!

چه حســی داریــد؟ آن‌هم درصورتی‌که می‌دانید که تا ۶ مــاه آینده قطعاً چنین سمیناری برگزار نخواهید کرد...

بنابراین باید حتماً در نظر داشته باشیم که زمان مناسب برای بیان انتقاد چه زمانی است؟

جراحی در پارک یا کنار اتوبان

عنوان همین موضوع به‌اندازه کافی خنده‌دار است! مطمئناً کار جراحی، کار پیچیده و دقیقی است و بدون هیچ تردیدی هیچ جراحی حاضر نیست در کنار اتوبان و یا در حاشیه یک پارک عمل جراحی مهمی را انجام دهد!

اما عجیب است که ما در انتقاد اصلاً این حساسیت را نداریم و هرجایی که دلمان خواست انتقاد را انجام می‌دهیم!

لازم اســت که انتقاد در زمانی انجام شــود که حال روحی فرد خوب باشد و البته کسی در اطراف نباشد. اگر شما در مقابل دیگران از کسی انتقاد کنید مطمئن باشید که او به‌جای این‌که به انتقاد گوش بدهد به فکر پاسخ دادن به شماست که این فشار را از روی شانه خود بردارد.

بنابراین اگر می‌خواهید انتقاد شما اثربخش باشد، تحت هیچ شرایطی از هیچ‌کسی در جلوی جمع انتقاد نکنید.

جراحی باوجود نبود تجهیزات کامل

از دیگر اتفاقاتی که بسیار نادر است این است که یک پزشک حاضر باشد زمانی که تجهیزات جراحی کامل نیست اقدام به عمل جراحی کند. همان‌طور که یک پزشک حاضر نیست در اتاقی که نور کافی ندارد و یا داروی بیهوشی استاندارد نیست، عمل جراحی را انجام دهد، ما هم باید از بهترین تجهیزات برای انتقاد استفاده کنیم.

حالا سؤال اینجاست که بهترین تجهیزات در انتقاد چه هستند؟ منظور از تجهیزات، رسانه‌های ارتباطی هستند. امروزه ما برای بیان یک انتقاد می‌توانیم از روش‌ها و رسانه‌های زیادی استفاده کنیم:

- به‌صورت حضوری مطرح کنیم،
- به او تلفن بزنیم،
- برایش پیامک ارسال کنیم،
- در نرم‌افزاری مثل تلگرام با او چت کنیم،
- در نرم‌افزاری مثل واتس‌آپ برایش فایل صوتی ارسال کنیم،
- در شبکه‌های اجتماعی در حضور دیگران برایش نظر انتقادی بنویسیم،
- و...

خب به نظر شما اگر انتقادی در پایین یکی از نوشته‌های من در شبکه اجتماعی اینستاگرام انجام شود، احتمال دارد که به آن پاسخ درست بدهم یا بیشتر نگران این باشم که آبرویم جلوی مخاطبانم از بین برود؟

یا اگر موضوعی را قصد داریم مطرح کنیم که در آن احساسات بسیار پررنگ است آیا می‌توان در چند صفحه پیامک آن را منتقل کرد؟

بنابراین یکی از بهترین روش‌ها برای بیان انتقاد، گفت‌وگوی رودررو است زیرا از بسیاری از ویژگی‌های شخص مقابل باخبر هستیم.

مثلاً فرض کنید به کسی تلفن زده‌اید و دقیقه‌ای پیش، او مشغول دعوا با همسرش بوده، حالا فکر می‌کنید این انتقاد اثربخش خواهد بود یا به‌احتمال‌زیاد باعث پرخاش به شما خواهد شد؟

بنابراین همیشه از رسانه درست برای انتقاد استفاده کنید.

دو عمل جراحی را باهم انجام ندهیم!

اگر دقت کنیم می‌بینیم که پزشکان سعی می‌کنند که عمل‌های جراحی سنگین را با یکدیگر انجام ندهند زیرا می‌دانند که ممکن است برای بیمار فشار زیادی داشته باشد.

معمولاً وقفه‌ای بین دو عمل شکل می‌دهند تا بیمار خود را ریکاوری کند و توان مقاومتی بیشتری داشته باشد و بدنش قوی‌تر شود.

اما عجیب است که ما در زمان جراحی روح و روان کسی به خود اجازه می‌دهیم که بیش از چند عمل را خیلی ساده انجام دهیم!

زمانی که شما دو انتقاد را با یکدیگر مطرح کنید خواهید دید که فردی که موردانتقاد واقع‌شده است دچار چند مشکل می‌شود:

۱. حجم زیادی از فشار را تحمل می‌کند و اذیت خواهد شد.
۲. به‌صورت سلیقه‌ای به هرکدام که مدنظرش بود پاسخ می‌دهد.
۳. احساس می‌کند که ازنظر شما اشکالات زیادی دارد و دوست‌داشتنی نیست و...

مثلاً اگر قرار است از همسرمان برای طولانی بودن زمان آماده شدن هنگام بیرون رفتن انتقاد کنیم، نباید هم‌زمان راجع به پوشش او یا اتفاق دیروز صحبت کنیم.

خیلی سخت است وقتی موتور انتقاد ما روشن‌شده است، تعداد انتقاد بیشتری انجام ندهیم اما باید کار درست را انجام داد نه کاری که دوست داریم.

فصل چهارم: کجا اجازه انتقاد نداریم

یادمان باشد که به‌هیچ‌عنوان نباید چند انتقاد را با یکدیگر مطرح کرد و هر بار فقط یک انتقاد را مطرح می‌کنیم تا فرد فرصتی برای فکر کردن به آن و راهکاری برای رفع آن داشته باشد.

خبر بد، وقتی بیمار رو به بهبود است!

بیماری را در نظر بگیرید که پس از چند ماه مقاومت تصمیم گرفته ورزش‌ها و رژیم غذایی ضروری پس از عمل جراحی خود را به‌درستی پیگیری کند و پزشک در اولین روزهایی که این شخص شروع کرده به تغییر، به او خبرهای بدی از رو به بهبود نبودن روند درمان بگوید!

مطمئن باشید که این شخص، هم انرژی خود را از دست می‌دهد و هم مطمئناً رژیم و ورزش را رها خواهد کرد!

همین اتفاق در زندگی روزمره ما نیز رخ می‌دهد. مثلاً زوجی را در نظر بگیرید که آقا بعد از مدت‌ها حاضر شده که کمی زودتر از محل کار به خانه بیاید که با همسرش به یک گردش نیم‌روزه بروند.

این در حالی است که خانم تقریباً ۶ ماه این انتقاد را داشته که در خانه پوسیده است!

حالا فرض کنید در انتهای این گردش، خانم بگوید که:

- **علی جان خیلی خوش گذشت و ازت ممنونم. ای‌کاش زیاد از این کارها بکنی و نزاری من توی خونه بپوسم! خدایی خیلی سخته توی خونه موندن و وقتی هم که میای دیگه جونی ندارم. چرا زودتر این کار رو نکردی؟**

در چنین لحظه‌ای خواهید دید که به‌احتمال‌زیاد علی با خود می‌گوید کاش همین دفعه را هم مرخصی نمی‌گرفتم!

> **هیچ بیماری را با بیماران دیگر مقایسه نکنید**

پزشکی را در نظر بگیرید که وقتی به او مراجعه می‌کنیم، بگوید: کاش شما مثل بیمار قبلی بودید! بیمار قبلی هم پولدارتر بود و هم میزان بیماری‌اش کمتر بود و احتمال موفقیت بالاتر بود!

مطمئناً با دیدن چنین پزشکی پا به فرار می‌گذارید زیرا می‌دانید که او رسالت خود را فراموش کرده و احساس می‌کند در حال خریدوفروش قطعات اتومبیل است!

اما بازهم می‌بینیم که به خودمان اجازه می‌دهیم که به‌سادگی شخصی را که از او انتقاد می‌کنیم، با دیگران مقایسه کنیم!

عباراتی مثل:

- ببین چطوری با همسرش برخورد می‌کنه،
- مامان چرا تو مثل مامان نسترن نیستی؟
- بچه عمو حمید رو ببین که چقدر با ادبه،
- درس خوندن همکلاسی‌هات رو ببین چطوره،

و ...

همه و همه نشانه‌هایی از مقایسه کردن در حین انتقاد هستند. ما اجازه نداریم انسان‌ها را با یکدیگر مقایسه کنیم، زیرا:

- آن‌ها گذشته یکسانی نداشته‌اند.
- محیط آن‌ها یکسان نبوده است.
- شرایطی که در آن این تصمیم را گرفته‌اند متفاوت بوده.
- از همه نقاط ضعف و قوت آن‌ها باخبر نیستیم.

و ...

بنابراین یادمان باشد که تحت هیچ عنوانی در حین انتقاد فردی را با دیگری مقایسه نکنیم زیرا به‌جای این که انتقاد مؤثر باشد، بیشتر حس انتقام و کینه در او رشد می‌کند.

یادمان باشد:

هیچ‌وقت ویترین زندگی دیگران را
با اصل زندگی خودمان مقایسه نکنیم.

به این دلیل که عموماً همه سعی می‌کنند ویترین زندگی خود را فوق‌العاده بسازند درصورتی‌که ما فقط ویترین را می‌بینیم و از درون آن بی‌خبریم اما از درون زندگی خود اطلاع کامل داریم.

مثلاً در یک مهمانی، یک زوج خیلی راحت به هم احترام می‌گذارند و هوای هم را دارند اما شما از اصل زندگی آن‌ها چیزی نمی‌دانید.

چندی پیش مسافرتی داشتیم و در تور ما، زوجی بودند که به نظر می‌رسید فوق‌العاده خوشبخت هستند طوری که واقعاً به سبک زندگی آن‌ها حسودی می‌کردم.

چند روز که گذشت، هر روز این احساس در من بیشتر و بیشتر می‌شد تا یک روز با آن آقا در گوشه‌ای تنها شدم و دیدم که او زبانش به انتقاد از زندگی‌اش باز شد و شروع کرد به غر زدن نسبت به همه خانم‌ها ازجمله همسرش و حتی مادر خودش!

آن لحظه بود که واقعاً متوجه شدم ما تحت هیچ شرایطی نباید ویترین زندگی دیگران را با اصل زندگی خود مقایسه کنیم.

یک جراح شوخی ندارد!

فرض کنید که یک جراح زمانی که بیمارش روی تخت اتاق عمل دراز کشیده به او بگوید که:

به‌احتمال‌زیاد شما در این جراحی از بین خواهید رفت (چند ثانیه مکث می‌کند) و می‌گوید ها ها ها ها شوخی کردم بابا نگران نشو!

می‌توانید ببینید که در این حالت بیمار چه حسی دارد؟

حالا که صحبت در مورد جراحی روح است، چرا ما با طنز انتقاد را انجام می‌دهیم؟ متأسفانه در بیشتر مواقع دیده می‌شود که فرد منتقد گمان می‌کند اگر به حالت شوخی عیب و ایراد را بیان کند تا انتقاد او بامزه‌تر به نظر برسد، تأثیرگذارتر خواهد بود!

اما باید گفت چنین نیست، چه‌بسا برای انتقاد شونده این‌طور تعبیر شود که دارد مسخره می‌شود و این کار قطعاً سازندگی انتقاد را مخدوش می‌کند و طبیعتاً دیگر نمی‌شود به این انتقاد، گفت انتقاد سازنده!

اگر از ریشه معنایی آن‌هم وارد شویم درمی‌یابیم که انتقاد به معنای ایراد و بیان اشتباه است پس مسلم است بپذیریم ایراد گرفتن باید کاملاً جدی و همراه با احترام باشد نه در قالب کلمات سبک و طنزآلود!

چراکه انتقال حس منفی و بار روانی ناشی از آن چندین برابر خواهد شد.

نحوه بیان:

- شمرده و با طمأنینه شروع به صحبت کنیم.
- لحن جدی اما مهربانانه داشته باشیم

دنبال کسی برای جراحی ندوید!

فرض کنید پزشکی را در پارک ببینید که این‌طرف و آن‌طرف می‌دود که بیماری را پیدا کند، او را به‌زور و اجبار روی صندلی پارک بخواباند و شروع به جراحی او بکند!

مطمئنم که دیگر به چنین فردی نخواهید گفت پزشک! به او خواهید گفت فردی که احتمالاً اختلالات جدی روانی دارد!

در انتقاد هم همین‌طور است. باید دقت کنیم که ما اجازه نداریم اگر کسی به ما اجازه انتقاد نداده، وی را مورد انتقاد قرار دهیم.

پیشنهاد من این است که اگر می‌خواستید به فردی که شما را خوب نمی‌شناسد انتقاد کنید، کافیست که به او پیشنهادی بدهید و اگر او تمایل داشت انتقاد را مطرح کنید. مثلاً فرض کنید شما در حاشیه سمیناری می‌خواهید به سخنران یا برگزارکننده انتقادی مطرح کنید. در این صورت می‌توانید از یکی از پیشنهادهای زیر استفاده کنید:

● استاد محترم من در مورد نحوه اجرا تجربیاتی دارم که اگر تمایل داشتید باعث افتخارم بود که آن‌ها را با شما به اشتراک بگذارم.

● بزرگوار، تخصص من در زمینه ساخت اسلاید است و ۱۰ سالی است که در این زمینه فعالیت دارم، پیشنهادهایی داشتم که زحمات بسیار عالی شما، بسیار اثربخش‌تر شود، اگر تمایل داشتید من در خدمت شما هستم.

بنابراین اجازه نداریم که به‌صورت مستقیم انتقاد خود را مطرح کنیم و کاری که باید انجام دهیم این است که فقط پیشنهاد خود را بسیار جذاب مطرح می‌کنیم که اگر شخص دوست داشت پیگیر آن شود.

جراحی برای ابراز وجود

فرض کنید که پزشکی را ببینید که در حال جراحی فردی است و زمانی که از او می‌پرسید، بیمار چه مشکلی داشته؟ او می‌گوید مشکل خیلی جدی نداشته است و فقط برای این‌که توانمندی‌های خودم را در جمع همکارانم نشان دهم او را جراحی کردم!

می‌بینید! از چنین حرفی بسیار تعجب می‌کنیم اما کسی که مشغول جراحی روح و روان کسی دیگر با انتقاد باشد، گاهی اوقات هیچ نیتی جز ابراز وجود و به‌اصطلاح بیان «منم هستم» ندارد!

چنین انتقادهایی عموماً در مقابل جمع و عموماً به‌صورت تخریب یک فرد صورت می‌گیرد!

یادمان باشد که هیچ‌گاه اجازه نداریم از انتقاد برای ابراز وجود در‌دجمع و یا بیان توانمندی‌های خود استفاده کنیم.

❝ ارزش نقد خود را بالا ببرید

به اعتقاد ما اگر می‌خواهیم انتقادهایمان اثربخش باشد باید جایگاه خوبی برای خود بسازیم، تخصص زیادی کسب کنیم و هرجایی نظر ندهیم که ارزش کار ما کم شود.

فرض کنید فردی غریبه در پارک مشغول صحبت کردن با تلفن باشد و من پس از پایان مکالمه به او بگویم که چه ایراداتی در صحبتش داشته!

نتیجه چه می‌شود؟ او احتمالاً فوراً از من دور می‌شود و در دل خود به من می‌گوید عجب آدم فضولی است!

اما کسانی که ما را می‌شناسند حاضرند چند میلیون تومان پول جلسات آنالیز و مشاوره پرداخت کنند تا صحبت‌هایشان را نقد کنیم!

چرا؟ چون در حالت قبلی آن شخص نه ما را می‌شناخت و نه نیازی به ما احساس می‌کرد و در این حالت، افراد هم نیاز به این موضوع دارند و هم می‌دانند که نقد ما می‌تواند به رشد و موفقیت آن‌ها کمک کند.

به همین دلیل حتماً توصیه می‌کنیم به‌قدری در کار خود متخصص شوید که اصلاً عده‌ای حاضر باشند برای شنیدن نقدهایتان به شما پول مشاوره بدهند نه این‌که از نقدهایتان فرار کنند!

❝ خب با این اوصاف، دیگر نقد کردن تعطیل شد؟

اگر دقت کنید می‌بینید که تمام تلاش ما در اینجا این بود که شرایط نقد کردن را

سخت و سخت‌تر کنیم که تا حد ممکن نقد نکنیم ولی در عوض شرایط انتقاد از خود را باز و بازتر کردیم که راحت‌تر به ما نقد صورت گیرد؛ اما این بدان معنی نیست که نباید تحت هیچ شرایطی نقد کنیم.

باید گفت که همان‌قدر که یک انتقاد سازنده و مثبت می‌تواند اثربخش بوده و باعث پویایی شود انتقاد نکردن در جای مناسب و لازم خود، می‌تواند مخرب و زیان‌بار باشد. چرا که اشتباهی که با یک انتقاد ممکن است اصلاح شود می‌تواند به اصل و ریشه موضوع ضرر جبران‌ناپذیری وارد سازد.

امام صادق (ع) می‌فرماید:

کسی که برادرش را در حال انجام کار ناپسندی ببیند درحالی‌که می‌تواند او را بازدارد اما سکوت کند و انتقاد نکند به او خیانت کرده است.

بنابراین کل صحبت ما این است، اگر می‌دانیم که انتقاد ما اثر دارد و اگر مهارت کافی در انتقاد را کسب کرده‌ایم و احساس می‌کنیم که ضرورت دارد؛ این کار را انجام دهیم.

 پیش‌نیاز انتقاد کردن! قضاوت

پس از تمام توضیحاتی که در مورد انتقاد ارائه کردیم، یکی از مهم‌ترین پیش‌نیازها برای انتقاد کردن، داشتن درک کاملی از قضاوت صحیح است.

تقریباً مطمئنیم که همه انسان‌ها یک شغل دوم - و تمام‌وقت - دارند که نامش قضاوت است! اما برای این شغل نه‌تنها هیچ حقوقی نمی‌گیرند، بلکه بیشتر به زندگی خود و دیگران لطمه می‌زنند.

اجازه بدهید این بخش از کتاب را با یک فایل صوتی از فایل‌های صوتی رادیو

سخنرانی پی بگیریم.

این فایـل صوتـی در بخش دانلودهای کتاب با شـماره ۰۰۰۰ قرار دارد. پس از گوش دادن به این فایل صوتی می‌توانید ادامه کتاب را پیگیری کنید.

❝ چک‌لیست انتقاد در یک نگاه

اگر بخواهیم این بخش را در یک نگاه بررسی کنیم می‌بینیم که قبل از هر انتقادی باید موارد زیر را لحاظ کنیم. (برای سـهولت، این چک‌لیست در قسمت دانلودهای رایگان کتاب با نام ۰۰۰۰ قرار داده‌شـده که همیشه آن را در دسترس خود داشته باشید)

- ☑ آیا روش دیگری جز انتقاد وجود دارد؟
- ☑ آیا مشکل آن‌قدر بزرگ است و ارزش انتقاد دارد؟
- ☑ آیا با این انتقاد امکان اصلاح وجود خواهد داشت؟
- ☑ آیا خودمان این مشکل را نداریم؟ این انتقاد به ما وارد نیست؟
- ☑ آیا درست انتقاد کردن را بلد هستیم؟
- ☑ آیا اصلاً به ما ارتباطی دارد؟
- ☑ آیا سلیقه مطرح است یا صلاح؟
- ☑ آیا بیش‌ازاندازه انتقاد نمی‌کنم؟
- ☑ آیا فرد دیگری نمی‌تواند این انتقاد را انجام بدهد؟
- ☑ آیا شخص مناسبی را برای انتقاد انتخاب کرده‌ام؟
- ☑ آیا شناخت کافی از فرد دارم که انتقاد می‌کنم؟
- ☑ آیا الآن زمان مناسبی برای انتقاد به شمار می‌رود؟
- ☑ آیا جای مناسبی برای انتقاد وجود دارد؟
- ☑ فقط یک انتقاد را انتخاب کرده‌ام؟ بیشتر نشود!

- ☑ وقتی شخص در حال تغییر است، دوباره از او انتقاد نکنم!
- ☑ آیا این انتقاد، رنگ و بوی مقایسه ندارد؟
- ☑ لحن من جدی و درست است؟ به‌صورت شوخی بیان نشود.
- ☑ آیا باعث بی‌ارزش شدن انتقاد من نمی‌شود؟
- ☑ آیا برای ابراز وجود این کار را می‌کنم؟

فصل پنجم
روش انتقاد کردن

حالا که تمام پیش‌نیازهای انتقاد کردن را دانستیم (که البته پیش‌نیازهای مفصلی دارد) نوبت به این می‌رسد که ببینیم باوجود این‌همه فیلتر و مانع برای انتقاد کردن، اگر جایی واقعاً لازم شد انتقاد صورت بگیرد به چه صورت می‌توانیم به‌شکل درست و اصولی انتقاد کنیم؟

۰. یافتن استانداردها (که در بخش قبل به آن اشاره کردیم)

۱. کسب اجازه

۲. حسن‌جویی یا اشتباه شخصی

۳. بیان شخصی بودن نظر

۴. بیان به رفتار نه شخصیت

۵. تبدیل انتقاد به پیشنهاد

۶. وقت دادن و اختیار دادن

این شش گام کلیدی به ما کمک می‌کند تا در صورت لــزوم و زمانی که از فیلترهای اعلام‌شده گذر کردیم، بتوانیم انتقادهای ارزشمند و مفیدی را مطرح کنیم که احتمال اصلاح در آن بسیار زیاد باشد.

حالا به بررسی هرکدام از این گام‌ها می‌پردازیم:

کسب اجازه

اولین گام در انتقاد از دیگران، کسب اجازه از آن‌ها است. این کسب اجازه برای

این است که:

- ادب خود را نشان دهیم.
- مطمئن شویم زمان مناسبی را انتخاب کرده‌ایم.
- اجازه ندهیم فرد از زیر انتقاد ما فرار کند.
- فضا را برای یک صحبت درست آماده کنیم.
- پذیرش را بالا ببریم.

و...

روش کسب اجازه این است که به شخص می‌گوییم که آیا ممکن است وقت خود را برای بیان مطلبی به ما بدهد؟ **جملاتی که برای کسب اجازه می‌توانیم استفاده کنیم عبارت‌اند از:**

- ببخشید می‌تونم خواهش کنم چنددقیقه‌ای وقت به من اختصاص بدهید؟ قصد داشتم نکته‌ای را خدمت شما عرض کنم؟
- الآن زمان مناسبی هست که من نکته‌ای کوتاه رو خدمت شما بگم؟
- عزیزم الآن حوصله داری یه دقیقه یه چیزی بهت بگم؟
- فدات بشم کی سرت خلوت می شه من یه صحبت کوچولو باهات داشتم؟
- سعید جون الآن حسش رو داری در مورد یه چیزی صحبت کنیم؟

و...

این خلاقیت شما است که از چه عباراتی استفاده کنید تا حس خوبی در فرد به وجود بیاید.

اگر با درخواست ما موافقت نشد چه؟

مثلاً اگر فرد به ما بگوید که نه الآن وقت ندارم یا حوصله ندارم، می‌توانیم با این سؤال بحث را پیش ببریم که:

- خب من کی بیام؟

- چه زمانی صلاح می‌دانید خدمت شما برسم؟
- و...

دقت کنید که در کسب اجازه نباید هیچ صحبتی از انتقاد شود. مثلاً جملاتی مثل:

- کی وقت داری من یه انتقادی بهت داشتم می‌خوام بگم.
- الآن زمان مناسبی هست من یک انتقادی رو مطرح کنم؟!

کاملاً اشتباه هستند و نباید کلمه انتقاد در قسمت کسب اجازه وجود داشته باشد زیرا باعث می‌شود که افراد نسبت به آن گارد داشته باشند.

حسن‌جویی یا اشتباه شخصی

انتقاد شنیدن سخت است و ما از هر کسی که انتقاد می‌کنیم حتماً به این معنی است که او را دوست داریم و قطعاً دوست نداریم که او ناراحت شود.

همچنین به دلیل این که دوست داریم انتقاد ما به اصلاح ختم شود باید کاری کنیم که شخصی که موردانتقاد واقع شده است کمترین مقاومت را داشته باشد و به همین دلیل کافی است که در ابتدای صحبت از او حسن‌جویی یا تعریفی داشته باشیم و یا از یکی از خصلت‌ها، رفتارها و ویژگی‌های خوب او صحبت کنیم.

پیشنهاد می‌کنیم که اگر می‌خواهید بدانید چطور باید حسن‌جویی کنید، به فیلم رایگانی که در سایت قرار داده‌ایم و «چگونه از دیگران تعریف کنیم؟» نام دارد، مراجعه کنید.

www.bah.red/hosn

زیر تیغ:

همین الآن به ۵ نفر از اطرافیان خود که دوستشان دارید و یا بیشترین ارتباط را با شما دارند ارتباط بگیرید و بر اساس روشی که در فیلم بالا توضیح داده شد، حسن‌جویی را انجام دهید. (اگر می‌بینید این کار را نمی‌کنید، خبر بدی برای شما داریم، عزت‌نفس کم اجازه نمی‌دهد از دیگران حسن‌جویی کنید!)

....
....
....
....

در بسیاری از کارگاه‌ها زمانی که به افراد می‌گوییم از نزدیک‌ترین افرادشان حسن‌جویی و تعریف کنند، با چنان مقاومتی مواجه می‌شویم که واقعاً شگفت‌زده‌مان می‌کند!

جملاتی مثل این که:

برای چه باید حسن‌جویی کنیم؟ دلیلش چیست؟

پاسخ بسیار ساده است! اگر چیز بدی می‌بینیم و انتقاد می‌کنیم، خب کاملاً واضح است که با دیدن چیزهای خوب حسن‌جویی کنیم!

روش دیگری که برای شکستن گارد می‌توان انتخاب کرد این است که از ضعف خود صحبتی به میان بیاوریم. می‌توان قبل از شروع نقد، مختصری از ایرادات و خطاهای گذشته خود را بیان کرد، تا این احساس در طرف مقابل به وجود نیاید که ما با اثبات برتری خود سعی در ضعیف جلوه دادن او داریم. به این طریق زمینه پذیرش در طرف مقابل بالا می‌رود.

مثلاً اگر من بخواهم از نوشتن یک فرد انتقاد کنم، بدون شک از اشتباهات نویسندگی خود خواهم گفت و او را تشویق می‌کنم که به نسبت سال گذشته من چقدر جلو است.

اما دقت کنید که در این قسمت نباید به‌گونه‌ای رفتار کنیم که خودمان را تحقیر یا تخریب کنیم.

اعتراف به شخصی بودن نظر

گام سوم در انتقاد این است که اعلام کنیم که نظر ما شخصی است و ممکن است درست نباشد. این کار نیز باعث می‌شود که گارد کمتری گرفته شود و البته اگر انتقاد ما واقعاً وارد نبود، ضایع نشویم.

عباراتی مثل:

- این نظر شخصی منه.
- به نظرم اومد اما نمی‌دونم درسته یا نه؟
- من این‌طوری فکر می‌کنم اما مطمئن نیستم.
- احساسم بهم این‌طوری می‌گه و تردید دارم.
- و...

می‌توانند به این کار کمک کنند.

این که به شخصی بگوییم که تو بی‌ملاحظه هستی احتمال موفقیت کمی دارد اما اگر به کسی بگوییم که من این‌طوری فکر می‌کنم اما مطمئن نیستم که درست فکر می‌کنم یا نه که تو به اندازه کافی به من توجه نداری، به‌احتمال‌زیاد با مقاومت خاصی روبه‌رو نمی‌شود.

بیان به رفتار نه شخصیت

از دیگر گام‌های کلیدی در انتقاد این است که انتقاد به‌گونه‌ای بیان شود که

به‌جای این‌که انتقاد به شخصیت او برخورد کند به رفتار او ارتباط داشته باشد.

مثلاً به‌جای این‌که بگوییم تو انسان بی‌ادبی هستی باید بگوییم که به نظرم رفتار تو در جمع با من مؤدبانه نیست.

یا به‌جای این‌که بگوییم شما همیشه به فکر خودتان هستید، باید بگوییم که احساس می‌کنم در تقسیم پاداش‌ها، تلاش من کمتر دیده شده است.

دقت کنید که در این کار، هرچه بیشتر مصداقی و به‌صورت دقیق و موردی مثال را مطرح کنید، احتمال نتیجه مثبت بیشتر خواهد بود.

اگر انتقاد به شخصیت فرد باشد، کسی نمی‌تواند شخصیت خود را عوض کند اما اگر انتقاد به رفتار باشد، تغییر رفتار به آسانی اتفاق می‌افتد.

استخدام واژگان مناسب در انتقاد

کلمات قدرت بی‌پایانی دارند. اگر در انتخاب و استخدام آن‌ها دقت کافی نداشته باشیم بدون هیچ تردیدی انتقاد ما به‌جای تغییر، باعث تخریب رابطه خواهد شد و کدورت‌ها و مقاومت‌های زیادی را به همراه خواهد داشت.

کلماتی که برای انتقاد استفاده می‌کنیم — که عموماً صفت‌هایی هستند که ویژگی بد را نشان می‌دهند — باید دارای ویژگی‌های زیر باشند:

۱. بسیار مشخص و دقیق باشند (مسئولیت کلی و غیردقیق است)

۲. دردآور نباشند. (ولخرج بسیار دردناک است)

۳. دکمه‌های جوش شخص را فشار ندهد (ما از همه بهتر می‌دانیم که نزدیکانمان از چه کلماتی متنفر هستند)

در ادامه چند نمونه از کلمات مناسب و نامناسب را بررسی می‌کنیم:

واژه نامناسب	جایگزین مناسب
ولخرجی	نیاز به مدیریت مالی بهتری داریم
بی‌مسئولیتی	توجه بیشتری به خواسته‌ام داشته باش
غر می‌زنی	خیلی می‌تونی مثبت‌تر باشی
شلخته‌ای	می‌تونی منظم‌تر باشی
بی‌فکری	قبل از تصمیم‌ها اطلاعات بیشتری کسب کن
سرخودی	با من زیاد مشورت نمی‌کنی

  زیر تیـــغ:

در جدول زیر، کلمات مناسب را برای انتقادهایتان بنویسید و سعی کنید از این به بعد از آن‌ها استفاده کنید.

واژه نامناسب	جایگزین مناسب
بی‌خیالی	
بی‌حواسی	
دست‌وپاچلفتی هستی	
خنگی	
گند زدی	
تنبلی	

چندم شخص صحبت می‌کنید!

یکی دیگر از عوامل بسیار مهم در انتقاد، پس از انتخاب واژگان، نحوه جمله‌بندی ماست. به این جمله توجه کنید:

تو مدیریت مالی نداری

که به‌صورت مخاطب گفته‌شده است اما اگر بخواهیم بسیار ملایم این کار را انجام دهیم می‌توانیم به‌صورت جمع آن را مطرح کنیم:

توی زندگیمون باید به مدیریت مالی بیشتر دقت کنیم.

تبدیل انتقاد به پیشنهاد

نکته مهم دیگری که در انتقاد وجود دارد این است که اگر بتوانیم انتقاد خود را به‌صورت پیشنهاد مطرح کنیم بدون شک اثربخشی بیشتری خواهیم داشت.

مثلاً به‌جای این‌که بگوییم تو به من بی‌توجهی، می‌توانیم بگوییم که می‌توانستی به من بیشتر توجه کنی.

هرچقدر در تبدیل انتقاد به پیشنهاد حرفه‌ای‌تر باشیم، احتمال موفقیت ما در اصلاح و تغییر بیشتر خواهد بود.

وقت دادن و اختیار دادن

آخرین گام در انتقاد این است که تا حد ممکن فرد را تحت فشار قرار ندهیم و به او اختیار عمل و فرصت بدهیم.

عباراتی مثل این‌که:

- حالا این نظر من بود و شاید درست نباشه. شما هم یه‌کم در موردش فکر کن هر جور دیدی درسته اقدام کن.
- من چون دوستت دارم، گفتم این نکته رو بگم که شاید باعث پیشرفت بیشترت

فصل پنجم: روش انتقاد کردن

بشه، البته شما تسلطت بیشتره و قطعاً بهتر تصمیم می‌گیری

◉ عزیزم به نظرم اومد این نکته رو بگم خیلی بهتره چون شاید زندگی خوشگلمون رو قشنگ‌تر هم بکنه ولی شاید دارم احساساتی نظرم رو می‌گم و شاید لازمه بیشتر در موردش فکر کنیم.

و...

به ما کمک می‌کنند که فرد کمتر تحت‌فشار قرار بگیرد و به‌جای این‌که به این فکر کند تا جواب ما را بدهد، به عملکرد خود و راهکار این موضوع فکر می‌کند.

❝❝ لحن صحیح در انتقاد

پروفسور آلبریت محرابیان استاد دانشگاه UCLA تحقیق بسیار جالبی انجام داد که نشان می‌داد در روابط عاطفی، میزان اثرگذاری پیام به‌شدت به لحن و زبان بدن ما بستگی دارد.

اگر از کلمات بسیار عالی و جمله‌بندی درست استفاده کنیم اما لحن درستی نداشته باشیم بدون شک نمی‌توانیم انتقاد درستی انجام دهیم. به همین دلیل لازم است نکاتی در مورد لحن بدانیم.

لحن ما در حین انتقاد باید:

۱- با صدای پایین باشد.

۲- جدی باشد.

۳- مهربانانه باشد.

۴- ملایم باشد.

برای توضیحات بیشتر در یک فایل صوتی اختصاصی که در بخش دانلودهای مخصوص این کتاب قرار گرفته توضیحات کاملی ارائه کرده‌ایم که شماره این فایل ۰۰۰۰ است.

زبان بدن و حالات چهره مناسب در انتقاد

مهارت‌های غیرکلامی (شامل حرکات، جهت‌ها، رفتار و حالات چهره ما) نقش بسیار مهمی در اثربخشی انتقاد دارند و ما به‌عنوان یک انتقادکننده حرفه‌ای و زبده باید به‌درستی از این مهارت‌های غیرکلامی نیز بهره ببریم.

اما ازآنجایی‌که در کتاب امکان نمایش چنین مطالبی به‌درستی وجود ندارد، فیلم‌های لازم برای این کار ضبط شده است و شما برای مشاهده آن‌ها می‌توانید به فیلم شماره ۰۰۰۰ مراجعه کنید که به صورت کامل روش انتقاد کردن را توضیح داده است.

زیر تیغ:

یکی از انتقادهایی را که قصد دارید انجام دهید، در ذهن بیاورید و گام‌های آن را به‌صورت دقیق در بخش‌های زیر بنویسید:

بررسی استانداردها

....

کسب اجازه

....

حسن‌جویی و یا بیان اشتباه

....

اعتراف به شخصی بودن نظر

....

بیان به رفتار نه به شخصیت

....

تبدیل انتقاد به پیشنهاد

حالا این نحوه پاسخ دادن را به‌صورت یک فایل صوتی برای خود ضبط کنید و ببینید که چطور اجرا می‌کنید!

مطمئن باشید که ضبط این فایل صوتی به‌شدت به شکل‌گیری مسیر عصبی درست شما کمک می‌کند.

فصل ششم

تله‌های شخصیتی و انتقاد

تا به اینجای کار اگر دقت کرده باشید تمام تلاشمان بر این بود که تا حد ممکن انتقاد نکنیم و تنها درصورتی‌که واقعاً لازم بود از تیغ انتقاد استفاده کنیم و در انتها قصد داریم موضوعی بسیار دردناک را با شما مطرح نماییم!

این‌که بیشتر انتقادهایی که انجام می‌دهیم از تله‌های شخصیتی و مشکلات شخصیتی ما ناشی می‌شود نه تمایل به اصلاح شرایط!

به همین دلیل از سرکار خانم نگار رضوی روان‌شناس و نویسنده کتاب «جرینگ» درخواست کردیم که این بخش از کتاب را برای ما به نگارش درآورند.

تله‌های شخصیتی چه هستند؟

ما آدم‌ها از وقتی به دنیا آمدیم شروع می‌کنیم به یادگیری. زمان‌هایی این یادگیری‌ها خوب هستند و زمان‌هایی هم ما را به تله می‌اندازند.

روان‌شناس معروف، «جفری یانگ» اعتقاد دارد که انسان‌ها ۶ نیاز اساسی دارند که باید در دوران کودکی ارضا شود تا فرد در مسیر سلامت زیستی گام بردارد. اگر این نیازها درست ارضا نشود، به‌تدریج در ذهن فرد تله‌های (طرح‌واره‌های) شخصیتی شکل می‌گیرد که بعد در زندگی ما را به دردسر می‌اندازد.

طرح‌واره‌ها (که ما در این کتاب به آن‌ها تله شخصیتی می‌گوییم) باورهای مرکزی هستند که در دوران کودکی و نوجوانی شکل می‌گیرند

این تله‌های شخصیتی تا آخر عمر با ما هستند و ما خیلی هنر کنیم می‌توانیم آن‌ها

را بشناسیم و کنترلشان کنیم، یعنی تله‌ها همیشه با ما هستند.

به گفته جفری یانگ، روان‌شناس مشهور که در حوزه طرح‌واره‌ها فعال است، هر کاری که ما در زندگی خود انجام می‌دهیم تحت تأثیر همین تله‌هاست.

و این‌که در مقابله با این تله‌های شخصیتی چه رفتارهایی را از خود بروز می‌دهیم و سبک مقابله‌ای ما با این‌ها چیست یعنی چه واکنشی به تله‌ها نشان می‌دهیم باعث می‌شود که نوع رفتارمان با سایر انسان‌ها تفاوت داشته باشد.

- زمان‌هایی ممکن است تسلیم این تله‌های خود باشیم و آن‌ها را بپذیریم.
- زمانی ممکن است اجتناب کنیم یعنی خودمان را در موقعیت‌هایی که ممکن است با آن مواجه شویم قرار نمی‌دهیم.
- زمانی هم هست که ما جبران افراطی می‌کنیم و کاملاً خلاف تله‌های اصلی شخصیتی‌مان رفتار می‌کنیم و برعکس آنچه هستیم خود را نشان می‌دهیم.

انتقاد کردن و انتقاد شنیدن هم، ازجمله رفتارهای اجتماعی ماست که رابطه مستقیم باشخصیتمان دارد و درنتیجه کاملاً با این تله‌ها ارتباط دارد.

این‌که ما اسیر کدام تله‌ها هستیم و چه سبک مقابله‌ای داریم، ما را در دسته انتقادکننده‌ها یا انتقاد شونده‌ها قرار می‌دهد.

تله‌های شخصیتی، حتی واکنش ما را نسبت به انتقادات تعیین می‌کند. حتی مشخص می‌کند که ما انتقادمان را به چه شکلی مطرح می‌کنیم.

در ادامه، تعدادی از این تله‌ها را با یکدیگر بررسی می‌کنیم:

تله «رهاشدگی/ بی‌ثباتی»

مثلاً کسی که به دلیل طلاق پدر و مادرش و زندگی با پدرش و رها شدن توسط مادر در تله «رهاشدگی / بی‌ثباتی» افتاده باشد، مدام در حال انتقاد کردن از اطرافیان و مخصوصاً همسرش است.

انتقاد همیشگی‌اش این است که:

دقیقاً زمان‌هایی که بهت نیاز دارم نیستی!
نوشداروی پس از مرگ سهرابی!

خلاصه این افراد با تله شخصیتی «رهاشدگی / بی‌ثباتی» از زمین و زمان شاکی هستند و مدام در حال غر زدن به جان این و آن.

ادعای آن‌ها هم این است که:

من غرغرو نیستم ولی نمی‌تونم
چشممو به روی واقعیت ببندم، مشکلات را می‌بینم و می‌گم!

چنین افرادی به دلایل روان‌شناسی که در اینجا نمی‌گنجد چون جذب افراد بی‌ثبات می‌شوند همیشه از غیرقابل‌اعتماد بودن آدم‌ها شکایت می‌کنند.

این فرد با حس رهاشدگی قوی که از بچگی با خودش دارد، برای دوستی و ازدواج به‌صورت ناخودآگاه به سمت افرادی می‌رود که شغل‌های عجیبی دارند و کمتر حضور دارند، مثل ملوانان، خلبانان، راننده‌های بیابان، کارمندانی که محل کارشان شهر دیگری است.

چنین فردی این انتخاب عجیب را انجام می‌دهد و حالا شروع می‌کند به انتقاد از طرف مقابلش که:

- چرا هیچ‌وقت نیستی؟
- واسه چی همه مهمونی‌ها رو نباید برم یا خودم تنها باشم؟
- همه با شوهراشونن و فقط من تنهام اونجا.
- چرا یه کم مثل شوهرهای مردم آداب معاشرت سرت نمی‌شه؟

- آدم‌های متأهل مهمونی‌ها رو باید باهم برن.

و...

البته همین خانم زمانی که دارد درآمد همسرش را خرج می‌کند کاملاً فراموش می‌کند که بخش زیادی از این پول، مزایای کار در محیط‌های دورتر است و هیچ گله و انتقادی ندارد.

یک نگاه به دوروبرتان بیندازید. ببینید که چه قدر از چنین افرادی را مشاهده می‌کنید؟

چنین افرادی با تله «رهاشدگی / بی‌ثباتی» از فراوان‌ترین غرغروها با بیشترین میزان انتقاد به شریک زندگی این گروه هستند.

تله «نقص/ شرم»

بعضی از انسان‌ها، یک حس درونی بد نسبت به خودشان دارند. **این حس دائماً این پیام را به آن‌ها می‌دهد که:**

- **تو بی‌ارزشی**
- **تو همه کارهات ناقصه**
- **تو اصلاً عددی نیستی**

و ...

اگر افرادی با تله شخصیتی «نقص/شرم» تسلیم این تله باشند، وقتی انتقادی بشنوند گردنشان از مو هم باریک‌تر است، چون باورشان این است که همه مشکلات و کمی و کاستی‌های دنیا تقصیر این‌هاست.

به همین خاطر با شرمندگی سرشان را می‌اندازند پایین و با گردن خم به یک‌طرف هر انتقادی را می‌پذیرند و قطره‌قطره آب می‌شوند.

اگر کمی با این افراد آشنا باشید قطعاً دلتان برایشان می‌سوزد چون آن‌ها چوب

همـــان تله‌ای را که از درون اسیرشـــان کرده می‌خورند و واقعاً باورشـــان شـــده که بی‌ارزش هســـتند. درصورتی‌که اگر خودشان را بشناسند و بدانند چه بلایی سرشان آمده است دیگر به هر انتقادی سر خم نمی‌کنند و انتقادهایی را می‌پذیرند که واقعاً درست است.

اما در نقطه مقابل، اگر فردی در مواجهه با تله شخصیتی «نقص/شرم» به‌صورت جبران افراطی عمل کند، دقیقاً مثل کسی که از آن‌طرف پشت‌بام افتاده است رفتار می‌کند! چنین افرادی برای این‌که نمی‌خواهند بپذیرند ضعف یا نقصی دارند آن‌قدر به سمت خلافشان می‌روند که باورکردنی نیست.

در حقیقت سرسخت‌ترین منتقدان اجتماعی و ... عموماً از افرادی با چنین تله‌ای شکل می‌گیرند.

انسان‌هایی با این نوع از تله و جبران افراطی آن، آن‌قدر ریزبین و حساس هستند که کوچک‌ترین ضعف‌های افراد و اجتماع را بســیار دقیق می‌بینند و شـــاید برایتان جالب باشـــد اگر بدانید که بسیاری از انتقادهای درست – که عموماً توسط دیگران دیده نمی‌شود- توسط این افراد مطرح می‌گردد.

این ریزبینی و دقت نظر بسیار عالی است، اما فقط مسئله اینجاست که این افراد زبـــان تندوتیزی دارند و بی‌ملاحظه هر چیـــزی را هرجایی می‌گویند. چون به‌قدری خلاف جهت تله خود دویده‌اند که از آن دور شـــوند که حالا خود را آســـیب‌ناپذیر می‌دانند و ظاهری آهنین و قرص و محکم از خودشان نشان می‌دهند.

به همین خاطر کلامشـــان و انتقادشـــان مثل پتک بر ســـر هر مســـئله باایرادی با بی‌رحمی فرود می‌آید.

ایـــن افـــراد چون از بچگی مدام مـــورد انتقاد قرارگرفته‌انـــد و از آنجا که به قول معروف «میوه پای درخت می‌افتد» این‌ها هم مدام در حال انتقاد کردن و شـــاید به تعبیری دقیق‌تر، توسری زدن به بچه‌ها، دانشجویان، مراجعین، دوستان و هر موجود

زندهٔ اطرافشان و اگر انسانی نبود، در حال سرکوفت زدن به وضع آب‌وهوا و زندگی هستند.

تله «شکست»

فردی که در این تله افتاده است در برابر هم‌رده‌های خود احساس بی‌کفایتی می‌کند. قبل از شروع هر کاری شکست خودش را حتمی می‌داند و مثل روز برایش روشن است که شکست می‌خورد.

انسان‌های زیادی شکست را می‌پذیرند ولی مدام می‌اندازند گردن بدشانسی و یا تقصیر دیگران ولی این بی‌نوا همیشه همه تقصیرات را می‌اندازد گردن خودش.

اصطلاحاً دیوار خودش از همه کوتاه‌تر است. فکر می‌کند که واقعاً بی‌لیاقت و احمق است.

می‌خواهید بدانید چه به‌روز بچه‌ای آمده که حالا تبدیل‌شده به یک آدم‌بزرگ شکست‌خورده؟

این فرد، در دوران کودکی مخصوصاً از طرف پدرش (و به‌صورت کلی اطرافیانش) بارها و بارها و بلکه سال‌ها و سال‌ها در تحصیل، ورزش، کار و حتی رابطه دوستی خود مفتخر به دریافت القاب وحشتناکی شده، مثل:

- کودن
- خرفت
- بی‌عرضه
- دست‌وپا چلفتی

و ...

و این لیست مثال‌ها ادامه دارد تا جایی که حتی چیزهایی که نمی‌شود اینجا گفت. القاب وحشتناکی که نه‌تنها گوش او بلکه روحش هم پرشده از این کلمات.

حالا وقت انتقاد از این کتاب است

از شما ممنونم که تا پایان با ما همراه بودید.

حالا وقت آن است که از این کتاب انتقاد کنید تا با ایده‌های ناب شما چاپ بعدی آن رشد قابل توجهی داشته باشد و دنیا جای بهتری برای زندگی بشود

لطفاً برای ارسال انتقاد به صفحه زیر مراجعه کنید.

Bah.red/naform

والدین این افراد، بی‌وقفه در حال انتقاد و ایراد گرفتن هستند.

البته همیشه هم والدین به‌عمد مقصر نیستند! اگر پدر یا مادر و یا هر دو این‌ها جایگاه خیلی بالایی داشته باشند و همیشه از همان جایگاه بلندمرتبه خودشان با این کودک برخورد داشته باشند، به نظر این کودک – که هنوز اول راه است – فاصله بین خودش تا والدین خیلی طولانی و دشوار است.

چنین پدر و مادری، اگر به‌جای انتقاد که کار را سخت‌تر می‌کند، گاهی از آن جایگاهی که دارند پایین بیایند و با فرزند خود در حد یک بچه بشوند و بازی کنند و حتی پایین‌تر، مثلاً پدرش خم شود که بچه بنشیند بر پشت پدرِ بلندمرتبه‌اش. می‌دانید چه اتفاقی می‌افتد؟ بچه می‌فهمد که پس این‌ها هم قابل‌دسترس هستند و برایش دیگر سخت نیست اگر رؤیای رسیدن به پدر و مادرش را داشته باشد. چون برایش ثابت‌شده است که آن‌ها هم مثل خودش هستند.

حالا برگردیم به این فرض که این شخص در تله شخصیتی «شکست» است و با انتقاد مواجه می‌شود. چنین شخصی به‌راحتی انتقاد را می‌پذیرد چون با تمام وجود به ایرادهای خودش باور دارد پس تمامی انتقادها را بدون کوچک‌ترین مشکلی می‌پذیرد!

البته تا اینجای کار شاید مشکلی به نظر نرسد اما همان‌طور که بارها و بارها در متن کتاب گفتیم، هر انتقادی لزوماً درست نیست و هر انتقادی را نباید پذیرفت و نکته جالب این‌که حتی اگر انتقاد واقعاً وارد باشد، این شخص هیچ تلاشی برای اصلاحش نمی‌کند. چون احساس می‌کند که فایده‌ای ندارد و بازهم شکست می‌خورد.

تله «استحقاق/ بزرگ‌منشی»

افرادی با این تله شخصیتی، خود را تافته جدا بافته و بالاتر از دیگران می‌دانند. به‌طور کلی، انتقاد کردن، از نظر این افراد فقط حق مسلم یک نفر، آن‌هم خودش است!

و جالب است که افرادی که دچار این تله هستند، انتظار توجه بی‌قیدوشرط و رعایت تمام موارد را هم از طرف دیگران دارند.

اصلاً این افراد احساس می‌کنند که لطف فرموده‌اند و نظر یا نیم‌نگاهی به پایین انداخته‌اند و حالا برای بهتر شدن اوضاع هم محبت فرموده و نظرات ارزشمند خودشان را در قالب کلمات تند و گزنده و توهین‌آمیزی به اسم انتقاد مطرح می‌کنند. دیگران نه‌تنها باید اطاعت کنند، بلکه سپاسگزار ایشان هم باید باشند!

جالب این است که هیچ‌وقت هم هیچ‌چیز راضی‌شان نمی‌کند، همیشه ایشان طلبکار و بقیه بدهکارند.

سرتان را به دور و اطراف بچرخانید حتماً دوروبرتان از چنین افرادی خواهید دید و جالب این‌که تقریباً همیشه یکی دو نفر دیگر را می‌بینید که در حال خدمت به این افراد هستند و خوشبختی خود را در گرو خوش‌خدمتی به این افراد می‌دانند.

این‌ها فقط انتقاد می‌کنند و هیچ‌وقت انتقاد نمی‌پذیرند و پذیرفتن انتقاد برای آن‌ها یعنی پایین آمدن از مواضع خودشان و این یعنی تسلیم شدن و افراد با تله «استحقاق/ بزرگ‌منشی» هم که آدم این حرف‌ها نیستند که تسلیم انتقاد شوند و تکیه‌کلامشان این است:

یک‌کلام ختم کلام
یعنی دیگر حرفی نباشد و فقط گوش کنید و اجرا کنید!

قبلاً گفتم دور و بر این افراد، یکی دو نفر در حال خدمت هستند و حالا می‌خواهم اضافه کنم که یک گروه انسان‌های دیگر هم که در اطراف افرادی با تله شخصیتی «استحقاق/بزرگ‌منشی» دیده می‌شوند! کسانی که معیارهای خیلی سختگیرانه‌ای دارند. در حقیقت این افراد همان کامل‌گراها (به بیان عمومی کمال‌گراها) هستند.

(که جلوتر در مورد آن‌ها هم صحبت خواهیم کرد.)

اما به‌جز همین دو گروه کوچک چند نفره، بقیه انسان‌ها از افرادی با این تله شخصیتی فرار می‌کنند و افرادی که دارای تله «استحقاق/بزرگ‌منشی» هستند بسیار تنها خواهند بود.

❝ تله «خویشتن‌داری/خودانضباطی ناکافی»

افرادی با تله «خویشتن‌داری/خودانضباطی ناکافی» تحمل ناکامی را ندارند و چون نمی‌توانند هیجاناتشان را کنترل کنند هر حرفی را هرزمانی و به هر شکلی که بخواهند، می‌گویند و مدام هم تکرار می‌کنند:

- ببین! من آدم رکی هستم.
- من با کسی تعارف ندارم.
- حرف درست رو باید زد.

و...

درصورتی که آن‌ها فقط کم صبر و تحمل هستند و این با رک‌گویی تفاوت زیادی دارد.

به خاطر همین کم‌صبری و تحمل کمشان دائماً از همه ایراد می‌گیرند. چنین افرادی، عموماً بسیار شلخته و نامنظم‌اند، اما درعین‌حال عاشق نظم هستند! البته نظمی که دیگران رعایت کنند! چون ده نفر دیگر باید دنبال ایشان باشند که نظم برقرار شود!

بیشترین انتقادات افراد با تله «خویشتن‌داری/خود انضباطی ناکافی» از نظم نداشتن این کشور، جاده‌ها و ... است.

خودشان مقررات راهنمایی و رانندگی را رعایت نمی‌کنند. هر جایی که دوست داشته باشند بدون راهنما می‌پیچند و... اما مدام دارند از بد رانندگی کردن بقیه

می‌نالند و انتقاد و شکایت می‌کنند!

این افراد عموماً حرف‌هایشان درست است ولی تخصص آن‌ها فقط و فقط غر زدن است و نشـان دادن مشکلات به دیگران و خرد کردن اعصاب بقیه! که البته ازنظر خودشان این‌ها غر زدن نیست و انتقادات کارشناسی است!

چنین افرادی به‌عنوان دانش‌آموز کارهایشان را درست انجام نمی‌دهد اما انتقادات بسیار اصولی از معلمشان می‌کنند!

معلمی اســت که مدام از زیر کار در می‌رود اما یکی از منتقدین همیشــگی نظام آموزشی است!

این افراد در همهٔ پســت‌ها و رتبه‌ها وجود دارند و وای اگر یکی از این‌ها پزشک باشد!

اگر بدشانســی بیاورید و جراحتان خدای‌نکرده ایشــان باشد هیچ تعجبی ندارد اگر بعدها متوجه شــوید که قیچی را در شکمتان جاگذاشته و بخیه زده است. آخر ایشان کار واجب‌تری داشته و همان زمان یا داشته به وزارت بهداشت ناکارآمد فکر می‌کرده یا نگران گرانی مصالح بوده است.

آخر ایشان چون نگران وضع ساخت‌وساز در کشور هم هست، وظیفه ملی و میهنی خود دانسته که در این قسمت هم وارد شود و ایرادات را برطرف کند.

تله «معیارهای سرسختانه/عیب‌جویی افراطی»

این‌ها همیشه در حال کار کردن هستند و فکر می‌کنید چرا این کارها را می‌کنند؟ اگر فکر می‌کنید که برای لذت بردن است، کاملاً اشتباه می‌کنید. این‌ها سخت کار می‌کنند تا مورد انتقاد قرار نگیرند.

حالا تصور کنید اگر یکی از این گروه افراد با این تله وحشتناک موردانتقاد کسی قرار بگیرد.

اگر همان نزدیکی‌ها هستید پیشنهاد می‌کنم هر چه سریع‌تر گوشه‌ای را برای مخفی شدن پیدا کنید چون مطمئن باشید که طوفان به پا خواهد شد. مدام می‌گوید:

> آخه من؟ چرا به من اینو گفتین.
> من که خودم همه چی رو رعایت می‌کنم...

البته این فرد حق هم دارد! چون این آدم خودش به خودش سخت می‌گیرد و هیچ ارفاقی هم به خود نمی‌کند؛ بنابراین چنین فردی که همه زندگی را با سخت‌گیری‌هایش برای خودش و اطرافیانش جهنم کرده تا فقط انتقاد نشنود، کمی حق دارد! چون هرکسی برای کاری این‌قدر تلاش کند و به آن نرسد این‌طور از کوره در می‌رود...
این‌ها درواقع همان کامل‌گراهایی هستند که خیلی از اوقات برای این که می‌ترسند کارشان خیلی کامل و عالی نباشد، ممکن است از بقیه عقب بمانند ولی حاضر نیستند دست از کامل‌گرایی‌شان بردارند.
برخلاف این‌که این افراد ممکن است خیلی هم باهوش باشند ولی چون دائماً کارهایشان به تعویق می‌افتد، احتمالاً جزو افراد بسیار موفق و مطرح در رده کاری خودشان نیستند.
گرچه تعدادی از این افراد با تلاش زیاد و رساندن کارها در زمان مناسب پیشرفت‌هایی هم دارند ولی خودشان چندان احساس رضایت نمی‌کنند. افرادی که دچار تله «معیارهای سرسختانه/عیب‌جویی افراطی» هستند، سرعت را فدای دقت می‌کنند و اصطلاحاً می‌گوییم:

> مو را از ماست می‌کشد بیرون.

این‌ها نسبت به‌اشتباه آلرژی دارند و کهیر می‌زنند و نمی‌توانند خیلی راحت از یک اشتباه چشم‌پوشی کنند.

خیلی راحت بخواهم اسـمی برای این گروه انتخـاب کنم این‌ها همان خرکارها هسـتند. چون سخت کار می‌کنند، از دیگران هم همین انتظار را دارند و دائماً انتقاد می‌کنند!

زندگی کردن با این افراد بیشتر شبیه به شکنجه می‌ماند تا زندگی و شما هیچ‌وقت حق اشتباه کردن از نظر این افراد را ندارید و کوچک‌ترین ناکاملی از نظر آنان چنان به باد انتقاد گرفته می‌شود که گویی دنیا نابودشده است.

❝ تله «تنبیه»

آخرین تله شخصیتی که قصد داریم بررسی کنیم، تله «تنبیه» است. باور اساسی این‌ها این است که کسانی که اشتباه می‌کنند باید شدیداً تنبیه شوند. چنین افرادی حتی از خطای خودشان هم نمی‌گذرند و متأسفانه اصلاً شرایط خاص برایشان معنی ندارد.

این افراد مدام دنبال دیدن و انتقاد از نکات منفی هستند و سعی می‌کنند در اولین فرصت ممکن سخت‌ترین تنبیه‌ها را برای کسی که مرتکب اشتباهی شده لحاظ کنند تا درس عبرتی برای دیگران بشود.

عموماً وقتی کسی معیارهای سرسختانه دارد ولی نمی‌تواند به هدفش برسد، وارد این تله می‌شود.

اصراری که ما برای بیان تله‌های شخصیتی در این کتاب داشتیم این بود که بدانیم عموماً انتقاد کردن نشان از ضعف‌های شخصیتی دارد و البته انتقاد کردن هم یکی از اصلی‌ترین دلایل ایجاد این ضعف‌های شخصیتی است!

بنابراین باز هم از شـما تقاضا دارم که تا حد ممکن تا زمانی که ضرورتی وجود

ندارد و تخصص کافی در درست انتقاد کردن را ندارید، از انجام این کار پرهیز کنید.

تمام این مواردی که گفته شد می‌تواند از مشکلات فردی و شخصیتی هر انسانی باشد، ولی آیا با این توضیحات، یعنی بپذیریم که نشانه سلامتی روانی این است که ما کور و کر مشکلات دنیای اطراف خود باشیم؟ مطمئناً خیر.

یک فرد سالم انتقاد می‌کند اما انتقادی مدنی و سازنده. یعنی علاوه بر گفتن مشکلات، خوب است راهکارهایی هم پیشنهاد دهیم که فقط غرغر کردن نباشد، البته آن‌هم به شخص مناسب نه به هر کسی...

فصل هفتم

انتقاد و فضای مجازی

فضـای مجازی، فضای عجیبی اسـت! زمانی که شـما یک عکس یا نوشـته‌ای را در شبکه‌ای مثل اینستاگرام (که برای به اشتراک گذاری عکس‌ها استفاده می‌شود) به اشتراک می‌گذارید، گاهی اوقات با انتقادهایی مواجه می‌شوید که از دیدن آن‌ها جا می‌خورید!

برخی از افراد آن‌قدر تند و زننده از ما انتقاد می‌کنند که اگر در فضای واقعی و رو به روی ما قرار می‌گرفتند احتمال زدوخورد وجود داشت!

اما سـؤال اینجاسـت که چرا رفتار افراد در فضای آنلاین و آفلاین (واقعی) فرق می‌کند؟

چرا رفتار افراد در فضای آنلاین و آفلاین فرق می‌کند؟!

حقیقت این است که در بسیار از جوامع –ازجمله کشور ما– به دلیل نبود فرهنگ صحیح استفاده از شبکه‌های اجتماعی، افراد بین هویت واقعی و هویت مجازی خود تفاوت بسیار زیادی قائل هستند، به همین دلیل:

- جملات
- شوخی‌ها
- رفتارها
- پرخاش‌ها
- انتقادها
- ابراز محبت‌ها

و بسیاری از ویژگی‌های دیگر افراد با آنچه در دنیای واقعی از آن‌ها توقع داریم، تفاوت می‌کند.

البته ما در اینجا قصد نداریم به موضوع بررسی رفتار کاربران شبکه‌های اجتماعی بپردازیم و هدف اصلی ما این است که چگونه به انتقادات آنلاین پاسخ دهیم؟

🙶 روش پاسخ به انتقادات در شبکه‌های اجتماعی

پیش از آن می‌دانیم که شبکه‌های اجتماعی فضای مناسبی برای انتقاد کردن نیستند به همین دلیل ما تا حد ممکن از این فضا برای انتقاد کردن استفاده نمی‌کنیم؛ اما باید بدانیم که چطور به انتقادها پاسخ بدهیم؟

🙶 اولین گام، داشتن استراتژی است

یکی از مهم‌ترین گام‌ها برای پاسخ دادن به کامنت‌ها (نظرات و انتقادات و ...) تعیین کردن استراتژی نحوه حضور ما در این شبکه‌های اجتماعی است.

این‌که با خود تصمیم بگیریم که به‌صورت کلی با هر نظری (چه تشکر و چه انتقاد و چه سؤال) چه رفتاری داشته باشیم؟

آیا قرار است به همه آن‌ها پاسخ بدهیم؟ یا این‌که ترجیح می‌دهیم که به هیچ کدام پاسخی ندهیم؟

این بسیار مهم است که بدانیم واقعاً قصد داریم چه رویکردی به این موضوع داشته باشیم و با برنامه قبلی به اقدام بپردازیم؛ مثلاً این‌که به هیچ نظری پاسخ ندهیم ولی به‌محض این‌که کسی انتقاد کرد، جواب دندان‌شکنی به او بدهیم یا برعکس، به همه پاسخ بدهیم اما کسی را که انتقاد تندی داشته بی‌جواب بگذاریم، هردو، روش‌های درستی به‌حساب نمی‌آیند.

به‌صورت کلی به نظر می‌رسد که شش روش اصلی برای پاسخ به نظرات تند و

انتقادهای آتشین وجود دارد که هرکدام مزایا و معایبی دارد که تقریباً همه آن‌ها مشخص است.

۱. نادیده بگیرید،

۲. آن‌ها را حذف کنید،

۳. شخص را بلاک کنید (دسترسی او را مسدود کنید)،

۴. با مهربانی پاسخ دهید،

۵. به‌صورت کوبنده پاسخ دهید،

۶. از پاسخ‌های تصمیم باز استفاده کنید.

اما در ادامه آنچه می‌خواهم به شما معرفی کنم، روشی است که پس از چند سال سروکله زدن با شبکه‌های اجتماعی به دست آورده‌ام و نام آن را «پاسخ‌های تصمیم باز» گذاشته‌ام.

اگر واقع‌بین باشیم می‌دانیم که اگر کسی در بخش نظرات انتقاد یا توهینی به ما کرده باشد، بسیار بعید است که با توضیحات تکمیلی ما نظرش عوض شود و ناگهان فرد معقول و منطقی بشود بنابراین با پاسخ‌های تصمیم باز سعی می‌کنیم به‌گونه‌ای پاسخ دهیم تا:

- شخص نتواند به ما توهین کند،
- غیرمنطقی و هیجانی بودن رفتارش را متوجه شود،
- سایر کاربران ارتباط بسیار خوبی با رفتار منطقی ما برقرار کنند.

اجازه بدهید این روش را با یک مثال توضیح دهیم.

چندی پیش در شبکه اجتماعی اینستاگرام، نوشته‌ای انتقادی در مورد سیستم آموزشی و کافی نبودن حقوق و مزایای معلمان و ... نوشتم (محمدپیام بهرام‌پور)؛ که دراین‌بین کاربری با لحنی شدید و انتقادی اعلام کرد که تمام انتقادها از سیستم آموزشی نابه‌جا و غیرمنطقی است و اصلاً نباید از سیستم آموزشی توقعات زیادی

داشت و این سیستم در حال انجام وظیفهٔ خود به‌صورت درست است.

حالا فرض کنید من با این فرد وارد بحث می‌شدم! چه اتفاقی می‌افتاد؟

احتمالاً اعصابم خرد می‌شد، وقت زیادی از من گرفته می‌شد و اولویت‌های مهم‌تری را از دست می‌دادم!

درحالی‌که با یک پاسخِ تصمیم باز این گفت‌وگو به‌سادگی ختم به خیر شد.

دوست عزیز! متشکرم از اینکه نظرتان را مطرح کردید و امیدوارم هرچه برای کشورمان بهتر است اتفاق بیفتد!

در حقیقت این‌یک پاسخ است که تصمیم‌گیری در مورد آن بسته به نظر شخص است و نیازی به بحث با من وجود ندارد!

یا مثلاً در یک فیلم آموزشی که درباره نحوه احوال‌پرسی صحیح بود– و برای آن بسیار زحمت‌کشیده بودم و استقبال بسیار خوبی از آن شده بود – فردی نظری نوشت مبنی بر این‌که این موضوعات بسیار بدیهی و پیش‌پاافتاده و سطحی هستند و هرکسی که در حد ابتدایی درس خوانده باشد این‌ها را می‌داند حتی خواهر من که چهار سالش است هم می‌داند!

خب من به‌عنوان یک عضوی از جامعه و مدرس مهارت‌های ارتباطی به‌سادگی می‌دانم که چنین حرفی درست نیست و کافی است که دقایقی را با افراد مختلف جامعه بگذرانیم تا ببینم که چطور بسیاری از آن‌ها ضعف شدیدی در موضوع ساده‌ای مثل احوال‌پرسی دارند.

حالا فرض کنید که باز من با این شخص به بحث و گفت‌وگو می‌پرداختم! چه اتفاقی می‌افتاد؟ هیچ! فقط اتلاف زمان و اعصاب.

درحالی‌که با یک پاسخ تصمیم باز به‌سادگی بحث ادامه پیدا نکرد:

سلام. من هم مثل شما اعتقاد دارم که این موضوعات این‌قدر ضروری هستند که حتی یک کودک ٤ ساله هم باید آن‌ها را بلد باشد و چقدر خوشحالم که اطرافیان شما این‌قدر فرهیخته هستند. امیدوارم به‌زودی تمام مردم سرزمینمان این مهارت‌ها را به‌خوبی بلد باشند تا ما به موضوعات پیشرفته‌تر بپردازیم.

البته دقت کنید که همیشه قرار نیست از این روش استفاده کنیم و این، یکی از شش روش اعلام‌شده بوده که می‌توانیم بسته به شرایط مختلف به آن رجوع کنیم.

فصل هشتم

انتقاد در محیط کار

تا به اینجای کتاب، هرچقدر که می‌شد از انتقاد کردن بد گفتیم و گفتیم تا حد ممکن از انتقاد استفاده نکنیم و اگر هم لازم شد که انتقاد کنیم، به نرم‌ترین و بهترین روش ممکن این کار را انجام دهیم.

اما در این فصل به‌صورت بسیار جدی و محکم قصد داریم انتقاد کردن را به‌عنوان یکی از ستون‌های اصلی هر کسب‌وکاری مطرح کنیم.

منتها به شرطی که انتقاد:

۱. ساختاریافته و اصولی باشد.

۲. جزئی از فرهنگ سازمان شده باشد.

۳. بیشتر جنبه بازخورد داشته باشد تا انتقاد.

۴. همراه با پیشنهاد عملی و راهکار مطرح شود.

در محیط کارهایی که پویا هستند و همه اعضای آن – یا حداقل بیشتر اعضای آن – هدف واحدی دارند که هم‌راستا با استراتژی سازمان است – نه محیط‌های کاری که هرکسی به فکر خودش و البته تخریب دیگران است – انتقاد می‌تواند فوق‌العاده باشد.

اما لازمه آن این است که ما انتقاد را از مسیر، نقد سلیقه‌ای به شکل بازخورد سازمان‌یافته تغییر شکل دهیم. در این صورت است که می‌توانیم نتایج فوق‌العاده‌ای از این انتقادها بگیریم، طوری که رقبای ما – در هر کسب‌وکاری – از روند رشد ما مبهوت بمانند.

در ادامه دو ابزار بسیار قدرتمند برای دریافت انتقادات در کسب‌وکار را به شما معرفی می‌کنیم:

۱. الگوی NPS

۲. بازخورد همه‌جانبه

که در ادامه به توضیح هر کدام می‌پردازیم.

معیار NPS در کسب‌وکار

NPS که از ابتدای کلمات Net Promoter Score ایجاد شده و معیاری است که احتمال توصیه یک کالا یا خدمت از طریق مشتریان به دیگر مشتریان را می‌سنجد.

در این معیار، فقط دو سؤال وجود دارد:

۱. آیا حاضرید ما را به فرد یا سازمان دیگری معرفی کنید؟ (از صفر تا ۱۰ نمره بدهید)

۲. چه‌کار کنیم که به ما نمره ۱۰ را بدهید؟

این‌که NPS چیست و چه استانداردی دارد موضوع بحث ما نیست و با جست‌وجویی مختصر به زبان انگلیسی دنیایی از اطلاعات را خواهید یافت اما ما در اینجا قصد داریم کاری غیراصولی انجام دهیم و این روش نظرسنجی را کمی تغییر دهیم و تجربیاتی که از آن داشتیم را با شما به اشتراک بگذاریم.

چرا از این روش استفاده کنیم؟

عموماً نظرسنجی‌هایی که اتفاق می‌افتد دو حالت دارد:

۱. یا این‌قدر سؤالات مفصل و زیاد است که کسی حوصله مطالعه آن و پاسخ دادن به سؤالاتش را ندارد.

۲. یا تنها یک سؤال به نام، لطفاً نظرتان را بنویسید، در برگه‌ای سفید وجود دارد.

مزیت روش NPS این است که درجایی بین این دو نمونه قرار دارد و باعث می‌شود که:

۱. حوصله شخص به دلیل سؤالات زیاد سر نرود.

۲. سختگیری او به دلیل دادن نمره بالا خواهد می‌باشد.

۳. احساس می‌کند که به نظرش توجه می‌شود.

۴. بازخورد برای ما ملموس‌تر و قابل اندازه‌گیری‌تر خواهد بود.

و...

چگونه NPS را به کار ببندیم؟

ما در تمامی سمینارهایمان از روش NPS استفاده می‌کنیم به این صورت که برگه‌ای در انتهای سمینار به مخاطبان می‌دهیم –نه زمانی که همه به ساعتشان نگاه می‌کنند و منتظر ترک سالن هستند، بلکه چنددقیقه‌ای برای همین کار زمان در نظر می‌گیریم- و اعلام می‌کنیم که این نظرات به‌صورت تک‌به‌تک توسط تمام اعضای مجموعه ازجمله سخنرانان سمینار و مدرسان خوانده می‌شود.

و سؤالات به این صورت هستند:

۱. به جلسه امروز و تیم اجرایی از ۰ تا ۱۰ چه امتیازی می‌دهید؟

۱. چه‌کارهایی انجام دهیم تا نمره کامل بگیریم؟

حال فرض کنید فقط با این سؤال که «لطفاً نظر خود را در مورد سمینار بنویسید» نظرسنجی انجام می‌شد، مطمئن باشید که تعداد قابل‌توجهی با عباراتی مثل:

- با تشکر از زحمات شما
- بسیار عالی
- خیلی ممنون

- خوب بود
- کمی منظم‌تر
- و...

خودشان را راحت می‌کردند و هیچ توضیحی نمی‌نوشتند؛ اما این سؤالات به گونه‌ای طراحی‌شده که شخص مجبور است نمره بدهد و تمام توجه او به سمت نقاط ضعف می‌رود (و این برای هر کسب‌وکاری فوق‌العاده است چون به‌سادگی نقاط ضعف خود را پیدا می‌کند).

> چطور این حس را منتقل کنیم که به آن توجه می‌کنیم؟

نکته بسیار مهم این است که در ارتباط با مشتریان خود حتماً باید این حس را ایجاد کنید که به نظرات آن‌ها توجه ویژه‌ای می‌شود.

مثلاً اگر صندوق نظرسنجی دارید، بالای آن بنویسید که این صندوق هر روز ساعت ۱۶ بازبینی می‌شود و واقعاً هم این کار را انجام دهید و یا اگر از روشی مثل NPS استفاده می‌کنید حتماً این حس را منتقل کنید که نظرات قبلی چه اثراتی داشته است.

همیشه در کلاس‌ها، دوره‌ها و سمینارهایمان به این موضوع اشاره می‌کنیم که: دوستان عزیز لطفاً نظرسنجی را با دقت تکمیل کنید چون علاوه بر همکارانم، من شخصاً آن را مطالعه می‌کنم و سعی می‌کنیم تا حد توانمان به مطالب آن عمل کنیم. مثلاً در جلسه گذشته عزیزی نوشته بودند سرویس بهداشتی دستمال‌کاغذی نداشت که ما هم سعی کردیم این موضوع را رفع کنیم. لطفاً هرچه به ذهنتان می‌رسد بنویسید و نگران کوچک یا بزرگ بودن آن نباشید.

استفاده از این روش، دو سؤال برای ما ایجاد می‌کند که این دو سؤال بسیار ارزشمند هستند.

- اول این‌که چرا این امتیازات را کسب کرده‌ایم؟
- دوم این‌که چه فرایندی باید طی شود تا این شاخص افزایش پیدا کند؟

مطمئن باشید که از نتایج این روش نظرسنجی شگفت‌زده خواهید شد و تک‌تک انتقادهایی که از شما می‌شود در آینده تبدیل به ثروت و درآمد خواهد شد!

بازخورد همه‌جانبه

یکی دیگر از فعالیت‌های بسیار ضروری این است که جلسات بین ۳ تا ۱۲ نفره‌ای داشته باشیم که در آن جلسه به تحلیل و بررسی عملکرد یک فرد از سازمان بپردازیم.

به این صورت که در هر جلسه یک فرد انتخاب می‌شود و در آن جلسه باید از افراد بالادست، زیردست و هم‌رده این فرد حضورداشته باشند و هر یک از شرکت‌کنندگان باید حداقل ۳ ویژگی مثبت و ۳ ویژگی منفی در مورد آن فرد را بگویند و پیشنهادهایی ارائه کند.

نکاتی که در این روش بسیار اهمیت دارد این است که باید توسط فرد بالادست (مثلاً مدیر) رعایت شود:

- معمولاً به دلیل وجود مدیر، انتقادات جدی نیست، بنابراین مدیر می‌تواند با انتقاد از خود، کار را شروع کند و هر کسی از او انتقاد کرد با قدردانی کار را پیش ببرد.
- باید دقت کرد که به‌هیچ‌عنوان فضا به زیرآب‌زنی و یا تحقیر ختم نشود و هدف این جلسات فقط و فقط رشد سازمان باشد.
- باید نشان دهید که انتقاد دیگران از شما و همین‌طور انتقاد همکاران از یکدیگر هیچ اثری روی تصمیمات و پاداش و ... ندارد.
- همه اعضای شرکت‌کننده در جلسه را مجبور کنید نظر بدهند و صحبت‌هایی مثل «همه نفرات قبلی نظرات را گفتند» و ... را نپذیرید.

- چقدر خوب است اگر بتوانید شروع و پایان جلسه را با طنز پیش ببرید.
- در انتهای جلسه حتماً از این‌که با نظر دادن و بازخورد دادن به رشد خودشان و مجموعه کمک کردند تشکر و قدردانی کنید و اعلام کنید که همه همکاران را دوست دارید.
- جواب انتقادات به بعد از جلسه ختم نشود و حالت توضیح و یا تسویه‌حساب شخصی به خود نگیرد.

فصل نهم

انتقاد در ارتباط با کودکان

همان‌طور که تا اینجای کتاب دیدید، موضوع انتقاد، موضوع بسیار مهمی است و پیچیدگی‌های خاصی دارد!

و گفتیم درست مثل زمانی که کسی با یک تیغ به سمت ما حمله می‌کند باید آمادگی کامل را داشته باشیم! حالا سؤال اینجاست که یک کودک بینوا می‌تواند از خود در مقابل انتقاد محافظت کند؟

به همین دلیل لازم دانستیم که فصلی از این کتاب را به موضوع انتقاد از کودکان اختصاص دهیم. البته منظورمان از کودکان، افرادی با سن کمتر از ۷ سال است. زحمت این بخش نیز بر عهده سرکار خانم رضوی می‌باشد.

❝ قبل از ورود به بحث

شما که این کتاب را می‌خوانید و من که نویسنده این متن هستم، همه، زمانی بچه بودیم و حالا هم بزرگ‌سالانی هستیم که احتمالاً یا بچه‌داریم یا با بچه‌ها سروکار داریم. ممکن است کارمان مستقیم در رابطه با کودکان باشد یا حداقلش این است که در فامیل و دوست و آشنا بچه‌ها را می‌بینیم.

بچه‌ها هم مثل همه انسان‌های دیگر گاهی کارهایی می‌کنند که ممکن است درست نباشد یا لااقل از دید من درست نباشد. این‌طور وقت‌ها باید چه کار کنیم؟

- فقط نگاه کنیم و بگذاریم که بچه‌ها هر کار که دلشان می‌خواهد بکنند؟
- احتمالاً موافقید که باید کمی تربیت شوند؟

- آیا بروم جلو و با توپ‌وتشر مانعش شوم؟
- همـــان کاری کـــه بعضی از بزرگ‌ترهـــا می‌کنند، ولی من کـــه می‌دانم دعوا و دادوفریاد فایده ندارد!

ای خدا پس چه‌کار کنم که هم وظیفه پدر و مادری یا مربیگری‌ام را انجام دهم و همه به شخصیت بچه بی‌نوایی که به دست من سپرده شده است آسیبی وارد نکنم.

زمان انتقاد به کودکان

انتقاد از بچه‌ها درعین‌حالی که باید قاطعانه باشـــد ولی فقط باید نســـبت به کار اشتباهی که انجام می‌دهد و درست در همان لحظه وقوع صورت گیرد.

تنها در این صورت است که انتقاد ما تأثیر خواهد داشت. فرض کنید بچه‌ای که میوه‌ها را روی زمین می‌ریزد و مهمان هم داریم، یا بدتر! رفته‌ایم مهمانی و در خانه دیگران دارد این اتفاق می‌افتد. در این حالت بهترین کار چیست؟

پـــدر مادرها روش‌های مختلفـــی دارند. بعضی‌ها همان لحظه بلند می‌شـــوند و با تشـــر زدن و پشت‌دســـتی به بچه و دو تا لیچار بار بچه بدبخت و کلی عذرخواهی از صاحب‌خانه یا مهمان می‌کنند و بچه را می‌کشند عقب و محکم در بغل خودشان نگه می‌دارند و یا او را به داخل اتاقش می‌فرستند.

بعضی‌های دیگر با خونسردی هرچه‌تمام‌تر دست روی دست و پا روی پا انداخته و انگار اصلاً نمی‌بینند که عزیزدردانه‌شان در حال هنرنمایی است.

اما خون خونشان را می‌خورد و به‌محض این‌که از مهمانی برگشتند و یا مهمان‌ها رفتند، می‌روند سروقت بچه از همه‌جا بی‌خبر که حالا آرام دارد با اسباب‌بازی‌هایش بازی می‌کند و چنان فریادی ســـرش می‌کشند و یا شروع می‌کنند به دعوا و یا آرام می‌نشـــینند و با او صحبت می‌کنند که این کارها درســـت نیست، تو باید بچه باادبی باشی و ...

اما بچه را ببینید که هاج و واج دارد پدر یا مادرش را نگاه می‌کند و اصلاً نمی‌داند موضوع چیست؟ چون کاملاً فراموش کرده است که چه شاهکارهایی آفریده و چه دسته‌گل‌هایی آب‌داده است؟

 پس متوجه شدیم که انتقاد با تأخیر هم هیچ فایده‌ای ندارد.

بهترین کار را پدر و مادری انجام می‌دهد که در همان لحظه بچه را می‌گیرد، البته هم‌زمان با گفتن این‌که عزیزم این کار درستی نیست. بعد هم از ترفندهای خاص پدر و مادرها استفاده می‌کنند. او را به روشی سرگرمش می‌کنند و با یک اسباب‌بازی یا وسیله دیگر حواس او را به کار دیگری که موردعلاقه فرزندشان است معطوف می‌کنند.

ببینید درعین‌حالی که مانع ادامه کار اشتباه شدند، با یک پیام کوتاه گفتند که این کار اشتباه است.

❝ ابراز محبت هنگام انتقاد

یادمان باشد که یکی از اصول بسیار مهم در انتقاد از کودکان این است که حتماً از الفاظی که محبت ما را به آن‌ها نشان می‌دهند استفاده کنیم. تا بدانند که مشکل ما با خودشان نیست و فقط با کاری که انجام می‌دهند مشکل‌داریم.

در روش قبلی که گفته شد، چون قبل از انتقاد، فرزندشان را عزیزم و جانم خطاب کردند، به هیچ‌عنوان باعث نمی‌شود که بچه فکر کند دیگر دوستش ندارند و چون همان زمان که دارد کار اشتباه را انجام می‌دهد، می‌گویند که کار درستی نیست، بچه گیج نمی‌شود و می‌داند که چه‌کاری را می‌گویند که درست نیست.

چنین انتقادی حتماً اثر خود را می‌گذارد.

چقدر انتقاد را تکرار کنیم؟

یادمان باشد که بعد از تمام شدن ماجرا، دیگر دائماً نباید یادآوری کنیم.

همان یک‌بار بس است و مطمئن باشید که اگر قرار باشد یاد بگیرد با همان یک‌بار به‌شرط رعایت همان نکات، یاد گرفته است.

برخی از والدین یا بزرگ‌ترها، دائماً با تکرار انتقادها و یادآوری اشتباهات، عزت‌نفس کودکشان را ناخواسته نابود می‌کنند و این کودک حس ارزشمندی را از دست می‌دهد و درنتیجه در بزرگ‌سالی در بسیاری از مواقع دچار مشکل می‌شود از جمله این‌که برای جلب نظر دوستانش هر کاری می‌کند و توان نه گفتن را از دست می‌دهد و به همین سادگی درگیر گروه‌های غیراخلاقی و دوستان نامناسب می‌شود، زیرا احساس خودارزشمندی درونی را از دست‌داده است.

حرف پدر و مادر یکی باشد

نکته بعدی در رابطه با انتقاد از کودکان این است که حرف پدر و مادر باید یکی باشد. پس لطفاً قبل از این‌که به بچه حرفی بزنید حرف‌هایتان را باهم یکی کنید و بعد یک پیام به بچه بدهید. هرگز نباید جلوی کودکان، والدین با یکدیگر درگیر بحث شوند.

مثلاً پدر یک موردی را به پسرش گفته و بچه دارد تجزیه‌وتحلیلش می‌کند که ناگهان سروکله مادر پیدا می‌شود و می‌گوید نه اصلاً نیاز به این کار نیست.

بچه بدبخت واقعاً گیج می‌شود چکار کند؟ گوش کند یا ...

زندگی به حد کافی برای بچه‌ها گیج‌کننده است چون مدام دارند اطلاعات مختلف را از جاهای مختلف می‌گیرند، لطفاً گیج‌ترشان نکنید.

این را می‌گویم چون نمی‌خواهم شاهد روزی باشید که بچه از پیام‌های متناقض شما پدر و مادرها گیج شود و تصمیم بگیرد که دیگر نه به حرف پدرش گوش کند و

نه به حرف مادر! آن‌وقت است که نوبت گیجی پدر و مادرها می‌رسد که واقعاً سخت است و اعصاب‌خردکن پس علاج واقعه را قبل از وقوع بکنیم بهتر است.

بازی به‌جای انتقاد

اگر از شما بخواهیم که بهترین معلمان دوران تحصیل خود را به یاد بیاورید بدون هیچ تردیدی، بهترین آن‌ها کسانی خواهند بود که بسیار حرفه‌ای با بازی و تفریح و شوخی و خنده و مهربانی مطالب را به ما آموختند.

معلم بودن، علاوه بر آن که یک علم است و یاد گرفته می‌شود، یک هنر هم هست. یک معلم خوب و کارآزموده، درس‌ها را به‌صورت خشک و رسمی به دانش‌آموزان یاد نمی‌دهد بلکه سعی می‌کند به روش‌های مختلف آسان‌سازی کند و غیرمستقیم در قالب کار گروهی، بازی، تحقیق و کار عملی درسش را ارائه کند.

بچه‌های ما به این حس بسیار نیاز دارند که خودشان همه‌چیز را می‌دانند و اگر کسی این حس را از آن‌ها بگیرد، رابطه آن‌ها با آن فرد و رابطه آن‌ها با خودشان خراب خواهد شد.

خب به نظر می‌آید کار کمی سخت شد، چطور باید کاری کنیم که فکر کنند که خودشان می‌دانند و درعین‌حال کار درست را از ما یاد بگیرند؟ خب اگر می‌دانستند که نیاز به یاد دادن نداشتند.

بهترین کار این است که هم خودمان الگوی خوبی از کارهای درست برایشان باشیم و هم ارتباطاتمان طوری باشد که الگوهای خیلی خوبی در اطرافشان داشته باشند. این‌طور که باشد هر طرف را نگاه کنند و درستی ببینند، همان می‌شود ملکه ذهنشان و بدی را نمی‌بینند و یاد هم نمی‌گیرند که ما بخواهیم از آن‌ها ایراد بگیریم و درستش را یاد بدهیم.

یک سؤال! آیا شما که هیچ فرد ژاپنی اطرافتان ندیده‌اید، ژاپنی را یاد می‌گیرید؟

همان‌طور که گفتم که یک معلم حرفه‌ای از بازی، به‌شـکل مناسبی می‌تواند در آموزش اسـتفاده کند. پدر و مادرها هم می‌توانند از همین روش بهترین اسـتفاده را بکنند. می‌گویید چطور؟ خب لطفاً بقیه مطالب را بخوانید.

این موضوع مخصوصاً وقتی بچه‌ها در سـنین ابتدایی و پایین‌تر باشد عالی جواب می‌دهد.

پـدر یا مادر، همان کار اشـتباه بچه را نمایش می‌دهند و بچه می‌شـود قاضی و خودش به این نتیجه می‌رسد که کارش اشتباه بوده و حتی می‌تواند درستش را هم بگوید که باید چکار کند.

ببینید در این روش انتقاد شد ولی بدون آسیب به شخصیت بچه و یا اعصاب پدر و مادر!

نوعی بازی دیگر هم هست که بیشتر جنبه تفریح آن پررنگ می‌شود. مثلاً معلم بازی می‌کنید و شـما کارهایی را که درست است از زبان معلم مطرح می‌کنید و یا اگر دانش‌آموز هستید نقش یک دانش‌آموز خوب یا بد را بازی می‌کنید و این بار بچه شماست که به‌عنوان معلم شاگرد خوب را تشویق می‌کند و جایزه می‌دهد و برعکس شاگرد بد را ترغیب به انجام تکالیفش می‌کند.

باز در اینجا هم خود بچه به کشف و شهود می‌رسد و انتقاد به سالم‌ترین شکلش اجرا می‌شود.

یکی دیگر از راه‌های انتقاد از فرزندان که خیلی از بزرگ‌ترها اسـتفاده می‌کنند، سـؤال پرسیدن است ولی مهم این اسـت که این سؤال را چطور بپرسیم که به یک انتقاد درست و تأثیرگذار تبدیل شود، نه مخرب و آزاردهنده.

سـعی کنیم که سؤالمان بیشتر تشویق باشـد و فرزندمان را به انجام کار درست تشویق و ترغیب کند. مثلاً با پرسیدن این‌که «الآن میری حموم یا بعد از انجام دادن تکلیفت؟» یا کارَت را زود انجام می‌دهی برویم یک بستنی بخوریم؟

درعین‌حال که به بچه یادآوری می‌شود که تکالیفی دارد که باید انجام دهد، ولی فشاری هم نیاورده‌ایم که حتماً این کارها را الآن انجام بده.

با این روش حس استقلال و آزادی اراده او هم در نظر گرفته‌شده و خودش تصمیم‌گیرنده نهایی و مسئول اعمال خودش حساب می‌شود و احساس خوب ارزشمندی در وی تقویت می‌گردد.

حالا اگر از همان بچه به این شکل سؤال می‌شد، به نظرتان چه حسی داشت:

- الآن نشستی فیلم نگاه می‌کنی، درس نداری دیگه؟
- یا مثلاً می‌خوای فردا با همین سر و وضع بری مدرسه؟

هر جوابی که کودک به این سؤالات بدهد چه با خنده رد کند و یا با دلخوری جواب دهد، مثل این است که فقط می‌خواهد از سر قلاب سؤال شما که به روحش گیر کرده و آزرده‌اش نمودخ، خلاص شود.

شاید درس‌هایش را انجام نداده باشد. فقط برای این‌که شما را ضایع کند، می‌گوید: بله انجام دادم، تا زمانی هم که شما باشید نمی‌رود سر درسش که یک‌وقت متوجه دروغش نشوید. ظاهرش آرام ولی از داخل آشفته است چون بی‌رحمانه او را به قلاب انداخته‌اید. پس خیلی باید حواسمان باشد که سؤال را چطور مطرح کنیم.

برای انتقاد کردن از بچه‌هایمان هرچقدر حساسیت به خرج بدهیم راه دوری نمی‌رود. نتیجه‌اش بعدها هم زندگی فرزند دلبندمان را سرشار از موفقیت و شادکامی می‌کند و هم باعث انجام هر چه بیشتر زندگی خودمان می‌شود و درنهایت این‌که جامعه سالم‌تر و شادتری خواهیم داشت.

یادمان باشد که در انتقاد کردن از کودکمان، قبل از انتقاد حتماً حسن‌جویی کنیم؛ یعنی مورد یا مواردی را بگردیم و پیدا کنیم (حتی اگر شده با ذره‌بین بگردیم!) و اول از رفتار و یا آن کار خوبش تعریف و تمجید کنیم و حسابی که حس تحسین شدن را در طرف مقابل تقویت کردیم و روحیه‌اش کاملاً مثبت شد، خیلی مختصر

و گذرا به ایراد او اشاره کنیم. ایرادمان مختصر و گذرا باشد اما مبهم نباشد. یعنی دقیقاً بداند مقصودمان چیست. البته یادمان نرود که خیلی روی آن نکته منفی تمرکز و توقف نکنیم.

وقتی روحیه کاملاً پذیرا و مثبت بود، حتی می‌توان به عواقب ناخوشایند عمل او هم اشاره کرد، البته خیلی باید مراقب بود که جنبه تخریب شخصیت پیدا نکند. چون بچه‌ها غرور و شخصیتشان بسیار مهم و درعین‌حال آسیب‌پذیر است.

هر چه انتقاد به‌صورت غیررسمی‌تر و با زبان و ادبیات لطیف‌تری باشد تأثیر گذاریش بیشتر است. چون در این صورت شخص مقابلمان در قالب دفاعی نمی‌رود.

باز همه بر روش‌های غیرمستقیم مثل بازی، شرط‌بندی، شوخی و طنز و داستان تأکید می‌کنم.

فراموش نکنیم که هدف اصلی‌مان از انتقاد رسیدن به هدف مطلوب و توقف یا اصلاح رفتار نادرست است. پس پیکان انتقادها درهرحال متوجه همان کار یا رفتار ایراد دار باشد نه کل شخصیت فرزند یا دانش‌آموز و یا هر شخص دیگری.

❝ خودمان را جای کودکان بگذاریم

بیاییم به‌جای انتقاد به فرزندانمان خودمان را در آن شرایط به‌جای آن‌ها بگذاریم.

- ببینیم اگر من در این وضعیت جای او بودم چه‌کار می‌کردم؟ (مثلاً خودم زمان مدرسه از زیر بار تکالیف فرار نمی‌کردم؟)
- بسنجیم اگر از من در این شرایط انتقاد شود، حال من چگونه خواهد بود؟ (مثلاً دوست دارم مادر یا همسرم جلوی جمع به من بگویند تو چرا این‌قدر حرف گوش نمی‌دی؟)

درنتیجه برای حل این مشکل باید خودمان را جای آن‌ها بگذاریم. باید برویم به سن و سال آن‌ها. دنیا را از نگاه آن‌ها ببینیم.

پس پیشنهاد مرا فراموش نکنید؛ اگر دفعه بعد خواستیم کسی را سرزنش کنیم بی‌درنگ از خود بپرسیم: اگر من در جای او بودم در این وضعیت چه‌کار می‌کردم؟

انتقاد از نوجوانان

نکته دیگر این که بچه‌هایمان که همیشه کودک نیستند، نوجوان و جوان می‌شوند و احتمالاً آن موقع هم نیاز پیدا می‌کنیم که بخواهیم مواردی را بگوییم و از کارشان انتقاد کنیم.

قطعاً قبول دارید که نوع رفتارمان با یک کودک و یک نوجوان و جوان باید متفاوت باشد. یک جوان از نظر اخلاقی و اجتماعی در روند رشد به‌جایی رسیده که می‌خواهد احساس کند که مستقل است و خودش می‌تواند تصمیم بگیرد.

این حس بسیار خوبی است و به‌هیچ‌عنوان نباید سعی کنیم با وادار کردنش به اطاعت و گوش دادن به انتقادهایمان، جلوی آن را بگیریم. به نظر من پدر و مادرها بزرگ‌ترین و اولین معلم‌های بشریت‌اند.

سخن پایانی

در انتها، این فصل را با این داستان زیبا به پایان می‌رسانیم:

آرون نوهٔ ماهاتما گاندی است. آرون باارزش‌ترین درس زندگی‌اش را در هفده‌سالگی از پدرش یاد می‌گیرد. داستان ازاین‌قرار است:

یک روز پدرش از او می‌خواهد او را با ماشین به جلسه‌ای برساند. جلسه قرار بود در دفتر کار برگزار شود. مسافت خانه تا محل کار پدر او حدوداً پانزده کیلومتر بوده است. وقتی می‌رسند آنجا، پدر آرون از او می‌خواهد ماشین را به تعمیرگاه ببرد. صبر کند تا ماشین درست شود و سر ساعت پنج بعدازظهر هم بیاید تا به خانه برگردند. پدر آرون خیلی روی این نکته تأکید می‌کند. چون برخلاف همیشه که ساعت‌های

طولانی کار می‌کرده است، آن روز دقیقاً سر ساعت پنج می‌خواسته به خانه برگردد.

آرون به پدرش می‌گوید حتماً سر ساعت پنج جلوی دفتر حاضر است. بعد ماشین را بر می‌دارد و به تعمیرگاه می‌برد. ظهر که می‌شود، آرون تصمیم می‌گیرد که برود ناهار بخورد و برگردد. در صورتی که تعمیرکار سوئیچ ماشین را به او می‌دهد و به او می‌گوید: ماشین درست‌شده است.

آرون ماشین را بر می‌دارد و شروع می‌کند در شهر دور زدن. بعد چشمش به سینما می‌افتد و داخل می‌رود. آن روز در سینما می‌توانستی با یک بلیت دو تا فیلم را تماشا کنی.

آرون آن‌قدر غرق تماشای فیلم می‌شود که تا آخر فیلم دومی حتی به ساعت خود هم نگاه نمی‌کند. ساعت شش و پنج دقیقه شده است. آرون سریع سوار ماشین می‌شود و باعجله خودش را به دفتر پدر می‌رساند. پدرش خیلی آرام باحالتی طبیعی جلوی در به انتظار پسرش ایستاده است.

آرون از ماشین پیاده می‌شود و به خاطر تأخیرش عذرخواهی می‌کند.

پدرش می‌گوید: پسرم چرا دیر کردی؟ من نگرانت شدم. اتفاقی افتاده بود؟

آرون در جواب می‌گوید: نه بابا، تقصیر این مکانیک‌های بی‌عرضه است. نمی‌توانستند بفهمند ماشین مشکلش چیست. تازه همین چند دقیقه پیش توانستند درستش کنند. به‌محض این‌که کارشان تمام شد، من ماشین را برداشتم و خودم را رساندم.

پدر آرون حرفی نمی‌زند. به پسرش نمی‌گوید که وقتی ساعت پنج و نیم می‌شود و می‌بیند او هنوز نیامده است، نگران می‌شود و به تعمیرگاه زنگ می‌زند. تعمیرکار به او می‌گوید: ماشین سر ظهر آماده شد. پدر آرون می‌دانست که پسرش به او دروغ می‌گوید.

پدر آرون سوئیچ ماشین را به او می‌دهد و می‌گوید: پسرم تو با ماشین برو خانه.

من باید پیاده بیایم.

آرون می‌گوید: ولی بابا تا خانه پانزده کیلومتر پیاده راه بروید؟

پدر جواب می‌دهد: پسرم اگر من توی این هفده سال نتونسته‌ام اعتماد تو را به خودم جلب کنم، پس حتماً پدر خیلی بدی هستم. من باید تا خانه پیاده بیایم و به این فکر کنم که چه‌طوری می‌توانم پدر بهتری باشم. از تو می‌خواهم من را به خاطر این‌که پدر بدی بودم ببخشی.

پدر با پای پیاده راه می‌افتد. آرون هم فوراً ماشین را روشن می‌کند. درست کنار پدرش شروع می‌کند به حرکت و به او التماس می‌کند که سوار شود. پدرش تقاضای او را رد می‌کند و همین‌طور که به راهش ادامه می‌دهد می‌گوید: نه پسرم. برو خانه برو خانه. آرون تمام راه را آهسته‌آهسته سوار بر ماشین همراه پدرش می‌آید و بارها از او خواهش می‌کند سوار ماشین شود. ولی پدر هر بار درخواست او را رد می‌کند. بالاخره هر دو تقریباً پنج ساعت و نیم بعد نزدیکی‌های یازده و نیم شب به خانه می‌رسند.

پدر وارد خانه می‌شود و بعد می‌رود می‌خوابد.

از آرون می‌پرسند که از این تجربه باورنکردنی چه درسی گرفته است؛ او جواب داده است:

از آن موقع به بعد هرگز به هیچ انسانی دروغ نگفتم.

شاید راه‌حل ساده تنبیه او بود؛ اما تعلیم و تربیت فرزند ما نیاز به صبر و خویشتن‌داری دارد. تا درنهایت درس‌های ماندگاری را به‌جا بگذارد.

قبل از خداحافظی

قبل از پایان این کتاب قصد داریم درخواستی از شما بکنیم. یادمان باشد که در زندگی ما، تنها چیزی که ارزش دارد، روابط، محبت و حس خوب است و اجازه ندهیم که با انتقاد حس خوب خودمان و دیگران را از بین ببریم.

یکی از بهترین کارها برای داشتن یک حس خوب، تعریف کردن و حسن‌جویی از دیگران است؛ و یادمان باشد اگر در روز ۲ بار انتقاد می‌کنیم باید ۲۰ بار حسن‌جویی و تعریف داشته باشیم! اگر درست ببینیم بدون شک حسن‌ها و خوبی‌های هر فردی از بدی‌های او که مستحق انتقاد است بیشتر است.

با تحسین و تشکر و قدردانی و حسن‌جویی زیاد و انتقاد و عیب‌جویی کم زندگی فوق‌العاده‌ای برای خودمان و آن‌هایی که دوستشان داریم، رقم بزنیم!

کتاب‌نامه

- روان‌شناسی عزت‌نفس / ناتانائیل براندن /
- سطل شما چقدر پر است؟ / تام راث، دانلد کلیفتون / نشر البرز
- انسان ۲۰۲۰ / سعید محمدی، محمدپیام بهرام‌پور / انتشارات تعالی
- از شنبه / محمدپیام بهرام‌پور / انتشارات تعالی
- نمی‌گذارم کسی اعصابم را به هم بریزد / دکتر آلبرت الیس / ترجمه شمس‌الدین حسینی، الهام آرام‌نیا / انتشارات نسل نواندیش

تقدیر و تشکر

همیشــه عادت داریم در نوشــته‌هایمان از دوستانی که در نگارش کتاب به ما کمک کرده‌اند در انتهای کتاب تشکر کنیم تا خوانندگان پس از مطالعه کامل آن از اهمیت نقش آن‌ها مطلع شوند، از همین رو تشکر می‌کنیم از:
نویسندگان برخی از بخش‌های کتاب:
سرکار خانم نگار رضوی
جناب آقای دکتر مهدی فتاحی
جناب آقای علی نوایی

شرکت کنندگان در فیلم تمرینی کتاب

عزیزانی که در فیلم اختصاصی این کتاب حضور داشتند و با حضور خود کمک بزرگی به ما داشته‌اند، خانم‌ها و آقایان:
پروانه فیض‌الهی، سحر ارجمند، سمیرا اثنی عشری، الهه غلامی، علی بهرام پور، محبت غلامی، یلدا زارعی، احمد انصاری، فرزانه قهرمانی، مریم زینعلی، بیژن وثوقی، امین محب، وحید دین پرور، محمدرضا رضایی، محمد شیرعلی، شهناز امیرحسینی، حسین مرادی، رضوان ملکی، محمد حسن فاتح، سبحان رئوفی، مهدی ابوالحسنی، مهرانگیز جعفری و فرزاد انصافی

چند کتاب پیشنهاد سردبیر انتشارات برای شما

برای تهیه کتاب ها از آمازون یا وبسایت انتشارات می توانید بارکدهای زیر را اسکن کنید

kphclub.com

Amazon.com

Kidsocado Publishing House
خانه انتشارات کیدزوکادو
ونکوور، کانادا

تلفن : ۸۶۵۴ ۶۳۳ (۸۳۳) ۱+
واتس آپ: ۷۲۴۸ ۳۳۳ (۲۳۶) ۱+
ایمیل: info@kidsocado.com
وبسایت انتشارات: https://kidsocadopublishinghouse.com
وبسایت فروشگاه: https://kphclub.com